教育家的智慧（二）
黃昆輝教授教育基金會教育學講座選集續編

財團法人黃昆輝教授教育基金會　主編

周愚文、陳俞志　執行主編

李奉儒、吳清基、林明地、秦夢群
張芬芬、張建成、湯志民、劉美慧　合著

五南圖書出版公司 印行

執行主編序

　　民國 105 年 9 月臺灣民間的大企業家林陳海先生等，有感於臺灣教育問題日益嚴重，亟待研究改進，遂捐資成立「財團法人黃昆輝教授教育基金會」，作爲教育學者、專家與實務工作者合作的平臺，並特邀教育界耆碩、前總統資政黃昆輝教授擔任董事長。之後，林先生每年再捐鉅資作爲年度經費，推動研究、獎優及扶弱三大工作，基金會成立迄今已逾六載。

　　基金會成立後主要任務之一，即在探究教育問題及舉辦教育活動。由於國外知名大學常設有學術講座，因此自民國 106 年度起，列入年度工作計畫，經董事會同意，在國立臺灣師範大學教育學系、臺北市大學教育學系、國立臺中教育大學教育學系及國立中正大學教育學研究所等國內四個重要教育學術單位，設立「教育學講座」，由基金會每年提供經費補助，以利其邀請國內外重量級教育學者蒞校講演，共同推廣教育學術。民國 110 年度起，再擴增國立暨南國際大學教育學院及國立東華大學花師教育學院兩學術單位。

　　爲了分享主講學者們的智慧，110 年基金會特別從過去四校所舉辦的多場講演中，精選七場講演錄彙編成選集，以「教育家的智慧」爲名，分饗學界。今年，再以近兩年六校所辦講演中精選八場內容，集結成冊，出版續編。講演內容兼重教育理論與教育實踐，所選主題包括教育 4.0、學校組織創新、學校建築、校長領導、多元文化教育、團結教學論、質性研究方法、敘事探究等。八位主講人均爲國內知名的教育學者，學有專精、望重士林，對所屬教育學領域都有豐碩的研究成果且有相當的行政經驗，本基金會希望能站在巨人的肩膀上，有助未來學術創新。

執行主編謹識

112 年 3 月春

目　錄
Contents

執行主編序

1 從工業4.0到教育4.0　吳清基　　　　　　　　　　　　*1*

2 學校組織創新經營的理念以及策略　秦夢群　　　　　*31*

3 臺灣學校建築的歷史面向　湯志民　　　　　　　　　*59*

4 做教育的GPS：在行政實踐與學習的道路上　林明地　*91*

5 多元文化主義的過與不及：從多元文化教育的
三項觀察談起　張建成　　　　　　　　　　　　　*131*

6 Freire團結教學論在師生倫理上的蘊義　李奉儒　　*161*

7 質性資料分析的理念與實作：科學與文學的邂逅　張芬芬　*185*

8 故事也可以變成學術論文嗎？敘事探究在教育
領域的運用　劉美慧　　　　　　　　　　　　　　*227*

表次

表7-1　質性研究vs.量化研究：五種比喻 ———————— *194*

表7-2　邏輯推理系統分析：臺灣檳榔攤招牌名2010's ———— *200*

表7-3　質性資料分析的五階段：資料分析猶如種果樹 ———— *203*

表7-4　質性資料分析五階段：具體工作 ———————— *213*

圖次

圖3-1　臺南孔廟 ————————————————————— *86*

圖3-2　臺北學海書院 ——————————————————— *86*

圖3-3　臺大文學院 ———————————————————— *86*

圖3-4　臺東縣立卑南國中 ————————————————— *86*

圖3-5　宜蘭縣冬山國小 —————————————————— *87*

圖3-6　臺北市立新生國小 ————————————————— *87*

圖3-7　臺南市立億載國小 ————————————————— *87*

圖3-8　臺北市立和平實驗國小 ——————————————— *87*

圖3-9　國立政大附中 ——————————————————— *88*

圖3-10　桃園市立大園國際高中 ——————————————— *88*

圖3-11　臺北市立建成國中 ————————————————— *88*

圖3-12　臺北市立龍門國中 ————————————————— *88*

圖3-13　臺東縣立泰武國小 ————————————————— *89*

圖3-14　花蓮縣立西寶國小 ————————————————— *89*

圖3-15　國立政大附中 ———————————————————— *89*

圖3-16　臺北市立南湖國小 ————————————————— *89*

圖3-17　臺北市立大直國小 ————————————————— *90*

圖3-18　臺北市大同高中 —————————————————— *90*

圖3-19　臺北市立萬華國中 ————————————————— *90*

圖4-1　校長領導實踐與學習架構圖 ——————————————— *97*

圖4-2　校長領導技藝關鍵元素及關係示意圖 ———————————— *103*

圖4-3　國民小學校長學習的經驗圖 —————————————— *113*

圖4-4　校長協助學生學習的領導實踐圖 ————————————— *120*

圖4-5　學校行政管理研究概念架構圖 —————————————— *124*

圖7-1　科學研究五步驟 ——————————————————— *191*

圖7-2　質性資料分析的四種模式之比較 ————————————— *202*

從工業 4.0 到教育 4.0

吳清基教授
國立臺灣師範大學教育學系名譽教授

講演時間：2021 年 4 月 27 日
講演地點：國立暨南國際大學方型劇場

前言

　　暨大通識教育中心江主任也是前副校長、楊洲松教務長、在場各位教授、我們方形劇場以及圓形劇場的各位同學們，大家午安，大家好！

　　這個場地我很熟悉，因為大學校長會議曾經就在這邊召開。我對暨大一直有一種深厚的感情。民國 80 年左右，我在教育部擔任中等教育司司長，就曾陪著毛高文部長來暨大看這塊地。當時教育部政策：每一個縣要有一所國立大學，看到一百五十公頃，一塊臺糖農地，整個都是牧草，在三、四點鐘的時候，陽光照射下來，清風一吹，牧草也隨風飄盪，非常美的景象。後來我們就覺得這個地方，一定地靈人傑，在這邊來辦一所大學，一定可以培養傑出的人才，後來就把暨南國際大學敲定在這裡。國內

的大學沒有幾所能夠像暨大有這樣美麗的校園！山坡地的高低起伏，很像國外的大學。所以你在這邊唸過大學再到國外去，你會覺得很容易適應，而且會很喜歡這個學校的校園，所以我說今天大家在這裡接受教育是有福氣的。謝謝江副校長跟楊教務長的安排，讓我有機會來跟各位報告「從工業 4.0 到教育 4.0」這一個教育主題。

壹、工業 1.0 到 4.0

中午我跟楊教務長談到一個問題：「我們現在的年輕人，面對工業 4.0 最需要的是什麼？」我說當然是數位科技的專業知識。因為工業 4.0 是一個強調數位科技的時代，你有數位專業能力，可能就容易擁有一種職業。你要在這個職業裡面能夠超越、成就比別人好，你可能就要有跨領域的專業專長。

工業 4.0 之後，預估有 50% 的人會失業。這些失業的人就必須要透過終身學習，再去擁有第二專長，因為未來 60% 的行職業還沒有產生。這 60% 的行職業在數位科技方面是最受考驗的。人文啟發創意很重要，因為電腦在創意力上有些沒有辦法取代人類。因此，科學家指出電腦若五秒鐘不能做決定，它就不能取代人類，所以人的創意思考力非常重要。而工業 4.0 之後，企業界現在雖然還沒有明顯的大失業潮，但是企業界對人力的需求，尤其跨領域、雙學位、雙證照這樣的人才，是未來企業界最需要的。所以同學們，不管你現在主修的科系是什麼，你可能需要一個輔選科系，培養自己有跨領域的能力。

通識教育過去被認為是營養學分，湊足學分用來畢業而已。但在工業 4.0 之後，通識教育會變成一門顯學。你修的學分、跨

領域跨的越多，將來畢業後的競爭力就會越強。像臺北科大的前身臺北工專，爲什麼能夠培育出臺灣十幾％上市上櫃公司的大老闆？它的特徵就是有跨領域、主修、輔修這樣的強迫要求。所以要了解你現在修通識課程，不是來湊學分數的，而是想就專業之外，再跨個領域，學得更多就能比別人更受肯定跟歡迎。

我們談到工業4.0，它是德國在2011年漢諾瓦博覽會（Hannover Messe）中所提出。當時由德國的電氣與電機工程公會、機械設備製造公會，還有資訊電信與新聞媒體公會，三個產業大公會所發起的，德國總理梅克爾2013年把它界定爲工業4.0。

工業4.0是因爲大數據、網際網路、雲端運算、行動通訊、人工智慧、機器人、3D列印等，這些數位化的整合科技，呈現更智慧化、更自動化、更客製化的方向發展。過去生產商品必須要有大量的訂單才划得來，現在不用，賣一件就在賺錢，用數位科技就可以完成。所以這種客製化的專門訂製，是透過網路技術跟服務業把它整合在一起。

譬如說，年輕人喜歡騎機車，喜歡拉風的哈雷（Harley）機車，過去要客製化訂一部哈雷機車要二十一天的工作天，現在你只要到哈雷的門市部告訴他，我要什麼，1,300多選項點一點，它馬上六個小時就透過數位科技，幫你整合製造出一臺全世界唯一獨有的哈雷機車。騎出去，沒有人跟你一樣，一路上，你的車就很拉風，但是價錢一定不便宜，對不對？

以前大家都擔心說坐飛機會不會掉下來？在工業4.0之後，以英國勞斯萊斯（Rolls-Royce）爲例，它的車子很有名，但它也是製作船艦跟飛機引擎的世界第一品牌，全世界40％多的引擎都是勞斯萊斯所製作的。它位在英國南部的一個城市，有一個中央管控室，二十四小時三百六十五天，一群人在監控全球它所

賣出的各家航空公司中的四千多具的引擎。華航從桃園起飛要到日本東京羽田機場，在起飛之後，它就被盯住了。若發現第幾號引擎運轉不正常、溫度超高、風速不同，就馬上告知駕駛員作緊急防護措施。因此透過工業 4.0 建構全球航空監控系統，搭乘飛機就可安心，不用擔心飛機會因引擎起火而掉下來。所以就工業 4.0 而言，它會更安全、少浪費，而且保證生命安全，所以你就放心。工業 4.0 有很多的優勢，所以它的產值會增加十倍以上。

有工業 4.0，當然就有先前的 1.0、2.0、3.0。工業 1.0 係指瓦特發明蒸汽機（Watt steam engine），用蒸汽力來取代人力、水力、獸力。用機器生產取代人類生產，大量開展生產，就是技術的第一步，這就是第一次的工業革命。第二次工業革命，就是富蘭克林（Benjamin Franklin），他在雷雨天放風箏，結果發現雷電。以電力作為工業製造的一種能力跟動力，用電力來提供生產線，推動大量的產品。例如早期我們搭火車，是那種燒煤的，一「噗」就有蒸汽往上跑了，是屬於工業 1.0 的範疇。那 2.0 就是現在的鐵路電氣化，鐵路電氣化就快了，像現在高鐵。工業 3.0 則是在 1980 到 1990 年代，因為機器自動化、E 化、IT 的出現，所以自動化生產了大量的產值，品質更是更加的好，這就是透過 IT 促進自動化的時代。

工業 4.0 就是今天跟各位介紹的，要利用大數據、雲端運算、自動化、AI 人工智慧促使科技創新發展。其所面臨的問題在於，一個製造的危機跟人口老化。因為人會年紀越大，有些生產力不足，但年輕人的生育率又低，所以工業 4.0 在強調生產的數位化跟生產的客製化。過去你說要下訂，至少需要多少訂單方才能生產，現在不一樣，只要一張訂單，它照樣可以做，這就是自動化帶來的好處。像是很多展覽場所需要的大布幕，一件而

已，照樣賺你的錢。根據客人的需要去製作，產能可以增加，所以智慧化時代來臨了。

貳、教育1.0到4.0

其實工業革命跟我們的教育發展有很多密切的關係。教育固然可以主動來培育人才、促進經濟發展，但是教育也要因應社會的變遷，來調整人才培育目標的功能。所以當社會走向工業化的時代，如何培養我們的人才具有這些能力，去因應數位而不會被淘汰就是重要的議題。

教育發展的過程中，歷經農業社會、工業社會、資本社會來到數位社會的階段，教育型態有很大的改變。農業化的時代，教育是有錢跟有閒有錢階級的人才能享有，教育並不是每個人都有機會可以享有的。不像今天我們教育普及化之後，所有人都有機會接受教育。

那教育怎麼普及化呢？有兩個因素：首先是宗教改革，16世紀馬丁‧路德（Martin Luther）宗教改革，認為要信仰耶穌基督不一定要經過神父或牧師，也可以直接跟耶穌基督來對話。要跟耶穌基督對話，讀聖經就好了。而要閱讀聖經就必須要認識字，所以若沒能力讀書、不識字，要怎麼跟上帝溝通呢？因此，宗教上為了讓人民、信徒、教徒們可以直接跟天父來對話，接受教育就變成是必須的條件。第二個因素，中國人對此有貢獻，亦即是印刷術的發明。印刷術讓文字、智慧、知識可以經過文字記載而流傳。因為文字的流傳可以不必一定要有老師來教，在家自己學習，在家自己教育也可以。所以，以前的教育不是一般人都可以接受的，現在普及化之後就可以了。教育原來是在客廳、在家裡書房由老師來教，現在則可以採用大班教學的形式開展。

　　在一個資訊化的時代，教育是向上層階級社會流動的重要驅力與途徑。貧窮的孩子因為接受教育，就有機會可以脫貧。我是三級貧戶的小孩，家中沒有半畝田，靠著媽媽在田裡幫人家打工，後來在一家針織廠當清潔工，她不識字、沒有讀過書，但她可以有個兒子擔任中華民國第二十一任的教育部長，這就是教育的力量。臺灣是一個開放、自由民主的社會，只要你肯上進，都有努力的機會。雖然我當了部長，但是我也不會說出身貧寒對我是一種恥辱。不會，我反而覺得那是一種環境在考驗我。所以我常常鼓勵比我貧窮或是跟我一樣貧窮的孩子，輸人不輸陣，人要有志氣。

　　因為接受教育讓你可以脫貧，讓你可以向上社會流動。所以今天你讀書，不只是你獲得智能，你可以就業，讀書也可以幫你改善未來家裡的經濟跟社會的地位。你將來可以有好的工作，家裡從此不會再有貧窮。我家到我這一代，因為接受了教育，靠政府的公費、甲等特考，可以擔任公務員並當了教授，後來更當了教育部長，我的下一代，他們就脫離貧窮了。我三個小孩現在都在大學教書，他們都接受高等教育，還有兩個到國外拿了博士學位回來，我家從此脫離了貧窮。所以我鼓勵同學們一定要了解，教育不是有錢人的特權，教育是一般人都可以接受的。

　　在今天，教育變成了一個向上流動的社會驅力，可以藉由資訊科技的輔助教學，全面普及而不受時空的限制。在數位科技的社會中，教育漸漸是以學習者為中心，學習者要什麼，老師就要提供給他，而不是以老師為主要出發點，必須考慮學生的需要，予以客製化的考量。

　　具體來說，教育 1.0 是傳統的老師教、學生學，是一種背誦、講授式的師徒制度。2.0 就是有大班教學，已經有教室，有

實體的校園設立，透過學校公共設備進行教育。3.0 是實體校園跟虛擬校園的時代。實體校園，就是我們的大學校園；虛擬校園，就是數位學院。因此到了教育 4.0，就是要以學習者為中心，學生需要什麼，自己架構自己的學習路徑，達成學習目標。

數位課程也開始被採用，教育 4.0 是一種數位化、客製化跟創新化的教學。更進一步來看，如果以發展時間來看，1.0 是在中古世紀以前；2.0 是在中世紀到 1970 年代；3.0 是 1980 到 2010 年代；2011 年正式進入到工業 4.0 的時代。教育 4.0 也就來了，就是因為數位化、高科技的普遍發展。

所以說教室的型態 1.0 小規模，少數人一個、兩個請老師在家裡教；2.0 就開始有大班教學，三十個、四十個、一百個，所以學校校園就存在了；到了 3.0 也是小班教學，但是它開始普及化；4.0 後針對所有小孩的教育普及化。如果說學校的一個場域，1.0 是有實體校園，假如客廳像教室，那就開始在那邊教學。形式上以私塾為多，屬於家裡有錢、貴族、有錢有閒的教育；2.0 也是有學校，政府來設校；3.0 就是有學校，也有虛擬學校同時存在，所以現在我們是虛擬校園的時代；那麼到了 4.0 就數位化教育，學校完全是數位化。比如說老師不在，你上網仍可以自己找到你要的東西。學習的重點，在早期是以記憶、背誦、文化傳承、讀經典、背誦經典、抄書的方式，這是以前的知識記憶。後來 2.0 是接受了知識，但是它可以傳遞跟繁衍，可以把它擴大，不是老師講一就是一，一也可以變成二、三、四。3.0 就是你要生產知識還要消費知識，那麼就進步了。4.0 就是創新，要創新知識，教學方式也不一樣。1.0 是個別菁英的教學，面授口試，老師講給學生聽的時代，老師講，學生抄；2.0 是單一化的教學，老師教，學生學，完全是單向的教學；3.0 是多樣化，

師生都能參與，科技融入，電腦、電視、投影機、錄影帶等多樣化形式；4.0 就是更多樣化，還有更為客製化、數位化。

就課程內容而言，傳統經典早期 1.0 是「四書五經」、《論語》、《孟子》這些書籍。2.0 強調了實用的課程跟人格陶冶。因為中國早期一直強調以儒學、儒家為主，儒家都比較強調經典的課程，所以有人說儒家讓中國科學的發展延後了一段時間。其中一個原因就是儒家對於實用、經世致用之學的關注比較少，到了宋、明以後的理學，才講到經世致用與實用的課程。3.0 也是強調多樣化、數位化，這時候課程完全數位化與科技化。3.0 在 1980 年以後，e 化的使用就慢慢多了且朝智慧化發展，這些都是很明顯的變化。1.0 一日為師，終身為父；2.0 傳統知識重要；3.0 就慢慢發現，老師不用教的我也會，師生關係有時候慢慢會疏離，到今天師生關係可能慢慢就會淡化。

所以科技的發展相對於人文的一個互動，我們覺得有些危機，要大家都來思考、面對工業 4.0 對校園數位化發展的影響。工業 4.0 是資訊科技思考的核心，所以透過大數據、網際網路、雲端運算、行動決策、人工智慧、機器人、擴增虛擬到無線感測等等這些技術，使得參與智慧化、生產方式智慧化、服務智慧化、管理智慧化、政治智慧化。所以說工業 4.0 不只是工廠自動化，客戶跟生產者之間跟供應商沒有時差，你要的馬上輸入，明天二十四小時就可收到了。包括今天 Uber、Foodpanda 也是一樣，一定時間保證送到。所以今天商務電子化，限時送到，沒有時差誤差。這個產品也是一樣的有串聯，有雙向，然後競爭力提高、彈性更大、成本降低、生產競爭提升，這是工業 4.0。

德國當時機械設備製造公會促成了工業 4.0 的發展，德國人的精密儀器很厲害。其實臺灣的精密儀器也相當好，我們口罩生

產國家隊為什麼能夠很快的馬上增加口罩的生產？其他國家就做不到？因為臺灣在精密儀器基礎這方面工業很強，從苗栗、通霄一直到彰化，這個黃金縱谷六十公里的精密儀器在全球的產值，大概占了五分之一到四分之一，所以臺灣不只是高科技晶圓體，我們基礎加工業也是非常厲害的。

到底工業 4.0 之後，經濟的發展對人類的影響是什麼？英國中央銀行首席顧問 Andy 就指出，二十年之內，機器人會取代人類的工作。美國會有八千五百萬人失業，英國會有一千五百萬人失業，都相當於這樣的國家二分之一的勞動人口失業。兩個人就有一個人失業。那失業之後怎麼辦？失業之後領救濟金？但是如果三、四十歲就失業，一輩子領救濟金也不行，就必須要在職進修、終身學習，再取得第二專長。因為雖然預估會有二分之一的就業人口會被機器人取代，但是科學家也預估會有 65% 的行職業還沒產生。這些還沒產生的行職業就是要透過終身學習，透過第二專長進修，再去取得新的專業職能而能勝任那個新的工作。這二十年已經過去快十年了，所以未來十年剛好是同學們畢業出來社會工作的時候。假若你沒有雙主修、沒有通識、沒有第二專長，可能畢業後的工作會被取代。怎麼辦？只有再進修。所以終身學習變成一門顯學，也要透過通識課程的終身學習來增能自我。

大學因此會有很多微學分的課程，找專家學者、大師來開講，聽三個小時，可獲六分之一學分，聽六次共十八個小時給你一學分。這個學分原來是十八個小時都聽一個人講，現在是十八個小時聽六個人講，讓你跨六個領域去思考這個問題，然後再透過自己追蹤、輔導與學習，變成自主化、自動化的學習形式。

同學要記住，現在企業用人的九個字：「跨領域、雙學位、

雙證照。」原來的 T 型人才要變成 π 型人才，這是爲了未來你的生活，保證自己永不會失業。T 型人才這垂直下來的這一劃，是指一種專長。譬如說，你學的是汽車修護科，在學校學的是汽油引擎的汽車。結果當畢業走出校園，汽車已經是油電共生。到 2050 年之後，全球的汽油汽車都要停止生產，全部改爲電動車，你要怎麼混下去？所以還是要有第二專長在職進修。

而 π 型人才，π 等於 3.1416 到無限。π 等於兩隻腳帶著走的能力，兩種以上的專長，變成你要的那種專長。教育部高教深耕計畫就叫各校提出辦學定位、人才。成功大學產學合作在臺灣算是前段班的學校，它提出**尢**型人才，**尢**是什麼？**尢**就是 π 上面有凸頭。凸出去，π 跟**尢**差在哪裡？**尢**型就是你要有一個能力。2000 年我當教育部長時，剛好是五年五百億第一個階段要做最後的一個檢討，要再進行第二輪的五年五百億。當時我們喊出五年給你五百億，一年一百億給幾個大學，然後拿到的幾個大學必須想辦法發表國際應有的學術發展，包括希望五年五百億，第一個五年完，臺大能夠進入全球一百大，後來臺大進到九十幾名。

我們第一次檢討會在哪裡開？在國父紀念館。當時是臺大承辦，臺大的李嗣涔校長就請了張忠謀先生、臺積電的董事長來做專題報告。張忠謀就說我們臺灣大學缺少一門課，什麼課？領導學。臺大集臺灣的菁英學生在那邊，可是你臺大畢業的每位學生，今天卻不能夠每一位都成爲臺灣的領導，因爲你缺乏一個領袖、領導的這個課程。所以成大就說**尢**型人才是需要的，把他凸出去，跨領域、雙學位、雙證照，就是說跨領域的重要。

民國 100 年我當部長的時候，剛好臺北科大一百週年校慶，臺北工專建立於 1912 年，跟中華民國同壽。那時候的校長是姚立德，也曾代理教育部長，後來擔任考試委員。姚立德就說，

臺北工專一百年培養了一百多位上市上櫃公司的老闆，是臺灣一千多位上市上櫃公司老闆的十分之一。一個專科（科技大學）卻可培養出了臺灣十分之一的大老闆、有錢人，相當了不起！誰說職業教育讓人看不起？我在技職司長任內，把專科提升爲技術學院或是科技大學。我不是文憑主義的崇拜者、不是升學主義的炒作者，我是要給每一個孩子，你學術能力比較好的，上高中、上大學；如果職業性向比較好，就走技職教育，一樣有一片天。我是要給每一個孩子都有一個希望，所以才走出第二條教育體制國道。臺灣首富之一，郭台銘，是中國海專畢業的。臺南奇美博物館、奇美科技創辦人許文龍是臺南高工化工科畢業的。長榮海運、長榮航空，全球十大航空鉅子張榮發，是海事水產職校畢業的，職業教育一樣可以培育出人才。

臺灣所謂的「經濟奇蹟」是什麼？就是我們用中小型企業去跟國際大企業拼比，能夠賺取外匯存底，成爲世界前三名。現在是全世界第四名，五千四百多億美金。人家國際大企業賺錢，我們中小型企業也可以賺錢。臺灣的企業規模都不大，我們中小型企業裡面的企業主（老闆），70% 都是職業高中或專科的畢業生。你說職業教育有什麼讓你看不起的？我們現在回過頭來看，我國政府當官的，五院院長都有高職畢業生，只是他們後來有再繼續進修。誰說唸職業教育就是抬不起頭、丟臉？

曾任行政院院長的謝長廷是臺北市商，唸臺大再出國留學日本。游錫堃是羅東高商，唸致理商專，再去唸東海大學。考試院長姚嘉文是彰化高商唸臺大再出國進修。司法院院長賴英照是哈佛大學博士，他是宜蘭農校畢業的，唸中興法商再出國留學。監察院長王建煊，臺北商專畢業，去唸成大。他的副院長陳進利是彰化師大的教授，陳副院長是臺灣原住民第一個博士，他是哪裡

畢業？臺東高農，再去唸日本東京大學醫學博士。立法院長劉松藩臺中高商，唸日本近畿大學學士。他的副院長江丙坤是臺中高農，南投國姓鄉的人，然後他駐外，去拿日本東京大學經濟學博士。五院院長都有高職畢業生。你說高職就比較讓人看不起嗎？大學校長也有許多都是職業高中畢業後，再去唸大學再出國進修拿到博士學位。誰說唸職業教育就沒有前途呢？看你怎麼界定它，行行出狀元。

那麼臺北工專為什麼能打造臺灣十分之一的大老闆？因為在學校時要求要雙修、跨領域。若是機械製造科生產一個產品可以賺十塊錢，但如果交給廠商，人家去外面拿訂單，他可以賺一百塊。如果臺北工專的學生，能夠懂得技術，又懂得工廠管理，又能夠貿易開發，拿國外訂單直接送貨出去，他這一百塊錢全部都他自己賺。所以臺北工專要求說，除了本科主修還要副修其他企業技能管理、貿易之類的相關知識，所以每個人出來都路很廣。我們看到臺北工專成功的案例，就告訴我們說跨領域就是趨勢。所以通識教育要感謝我們本校江主任，他從副校長願意來接通識教育中心，就表示說他重視到了，看到了工業 4.0 之後跨領域學習的重要性。

現在很多大學因為少子化之後，面臨有些科系沒有辦法招到學生，就用學校整合的方式來招生。像是新竹教育大學跟清華大學整併，它的教育系本來在我們師資培育教育大學裡面並不是前段班。但是它現在跟清華大學整併之後，它的教育系變成教育與學習科技系，它把清華的科教跟教育大學的教育優勢併在一起。現在招生已經擠到數一數二，跟臺師大、政大並列，在前面第一、二志願。

若有雙修，能主修跟輔修在一起，競爭力就變雙專長。我

在淡江擔任講座教授時，教育政策及領導研究所招不到足額的學生，就被迫要跟未來學系、教學設計學系三個系所整併。就是希望培養的學生，將來有教育領導、有未來學、有設計科技這樣的一個智慧能力，然後他就有競爭力。現在國立的高教人才培育已經走向科際整合，走向跨領域的整合。所以同學們如果要將來更有競爭力，我認為通識教育的學分，不妨多用一點心，然後能夠覺得哪一個系、哪一個領域不錯，你有興趣，再去選修它的學分，旁聽也可以，對你未來絕對是有幫助的。

一個公司用人，他在考慮應徵者有一個專長還是兩個專長的時候，會先用具備兩個專長的人，這是未來社會現實的一面，必須讓各位還沒走出校園就知道，未來競爭是很無情的。所以擁有更多的跨領域、雙學位、雙證照，就是最優的強項的人，才能成為企業界最愛的人才，因而所學的專業就要跟業界有所合作。廠商要願意提供學費、保證就業的機會，這種產學合作是需要的，因為會讓你畢業之後就有能力上線去就業，就不會有產學落差問題存在。

因此要特別重視通識教育，因為人文啟發、創意思考，都會在通識教育裡面。所謂人文啟發是什麼呢？像李開復在臺灣中和出生，後來隨著爸爸媽媽到美國去，當到了 Google 副總裁，之後到大陸上海去開一個高科技的工廠。他說：「機器人五秒鐘不能做決定，就不會取代人類。」所以有時候人的這種創意、啟發、人文，就是機器人所沒有辦法取代的。因為機器人只會依照程式、數據去做出反應。若沒有把數據給它，它就會沒有辦法運算。所以有人問我說：「機器人老師會不會取代傳統的老師？」我說，比較難。機器人可能會取代什麼？取代醫生。機器人醫生會取代醫生。因為醫生憑著他診斷病情，在他三千、五千個案例

裡面，他開出藥方是這樣。如果你把病情跟機器人醫生講，機器人瞬間就藉著三萬、五萬，三十萬、五十萬的案例，所開出來的藥方是不是更有效？

你說會計，會計師幫你節稅，他根據他兩百家服務廠商、客戶的經驗，幫你提出節稅方案。你把這個資料輸入進去機器人，會計師他可能從他兩萬家、三萬家廠商的資料裡面，找出更有效的節稅方式，所以都有面臨被機器人取代的危機。

但是老師為什麼不會？因為機器人老師，學生沒有跟他對話，他在教室裡面看學生，他沒有反應。可是老師一眼望過去，這個班上有三十個學生，哪一個學生上課學習怎麼樣，為什麼一個禮拜都沒有專心在讀書，這個老師就主動找他了。你是不是最近怎麼樣？家裡發生了什麼事？你有什麼困難，老師可以幫忙你的？他會主動關心他。機器人老師若你沒有跟它做請求，它不會回應你的。所以這種人性的同溫層的這個感受跟關懷，機器人永遠無法跟人比，這就是為什麼機器人老師沒有辦法取代我們傳統老師的教學。

但是用機器人來當老師的助教，來幫助老師搜尋資料、對答有些我們老師暫時沒有辦法處理的事，它是一個很好的教學工具。所以我們了解人文啟發，是我們所需要的。那麼數位科技整合的實施，就是所謂的 STEM（Science, Technology, Engineer, Mathematics）。在臺灣我們更談 STEAM，除了科學、技術、工程、數學外，更要藝術（Art）。

我們這個 Art，就是今天談到的人文科技。所以教育要有美學素養，以校園而言，全臺灣有哪一所大學像暨南國際大學這樣，看出去就是非常讓人心神愉快，那麼漂亮的風景，又沒有吵雜，你可以安下心來，好好地充實學問。若要資料上網，跟臺北

市的孩子沒有差別，跟紐約的孩子也沒有差別，我們網路就可以不分國界不分地域。所以我認為這是一個人文的學習情境。

終身學習、生涯規劃跟人文科技整合是需要的。智慧校園其實已經是今天教育發展的趨勢。所以各大學都在這塊下很多功夫，尤其是現在新冠疫情，透過遠距來教課，讓校園不會停課、不停學。我的博士課程就有在武漢與廣東的線上修課陸生。我上課都可以看到他們的影像，他們也可以看到我的影像。課堂上雖然我只有十個學生，但是那兩個人在海外，照樣可以跟他們溝通，照樣可以評分，照樣可以討論。所以智慧校園利用大數據、雲端運算等，使老師、學生在任何時間、地點都可以快速便捷地獲得訊息。這種教育環境今天各大學都做得不錯，尤其臺灣在這方面的高科技蠻重視、領先的，數位校園雲端技術、雲端運算就是今天讓大家公認在努力推展的教學技術改革。

在一個都會化的城市，公車多久才會來？馬上算得好好的，網路更是讓人感受很深。我當臺北市教育局長時，在學校川堂設一個刷卡機，學生的卡片一刷，媽媽的手機馬上出現孩子進入校園了。下午放學一刷，媽媽手機就出現孩子已經離開了。這當中，孩子在學校校園裡面，媽媽接到什麼詐騙電話都不用擔心。所以這很方便，非常放心。透過全球定位、紅外線感應等來進行監控，像我們進入暨大校園，車子自動顯示哪一部車，只要你車子進來，它柵門就打開。如果是收費的，你車子開進去，它照到了，然後再出來，你停留多久、要多少錢，它馬上就算得出來。這種概念跟我們在高速公路使用 ETC 一樣，以前要排隊繳費，現在不用再排隊繳費，多麼方便。

所以今天你看學校智慧校園，我們都做到了，教室、實驗室、圖書借還、考勤、水電、數位照明等等。像感應式照明，明

明走廊是暗暗的，當你踏進來的時候，燈就亮了，然後你離開的時候，這個燈就暗掉了，可以省電。像前面提到的飛機，飛機在空中飛，爲什麼地勤人員可以知道飛機引擎有沒有故障？因爲每一個引擎裝了二、三十個感應器在蒐集運轉的速度、溫度、熱度、聲音、噪音等訊息傳回地上。所以物物相連，就可以掌控這個安全引擎運作，所以物聯網的概念用的是非常好。

今天大數據在大學裡面就是 IR（institutional research），各學校都有「校務研究」單位在做大數據，因爲數據會講話。我最近看一所大學的招生，透過大數據分析，影響學生填志願最多的是他的高中老師給他的輔導。第二是他看大學簡章所得到的訊息。第三是這個學校本身各方面的表現。第四可能就是同學與父母的意見。第五就是經過大學博覽會，他去拿到的資料。而進班宣導，效果不是最好。至於說公車廣告，那個效果更差。這都是大數據推出來的。

還有，像是暨南大學的學生是從哪裡來最多？是中彰投最多？還是桃竹苗最多？還是北北基最多？還是雲嘉南最多？還是高東屏最多？都可以馬上透過大數據分析，說這個學生只要客群從哪裡來，哪裡比較弱點的地方，招生宣導就會從哪裡加強，所以大數據可以提供我們更多的訊息。

還有更厲害的，有個大學校長學企管的。他去中國大陸招生時，手機拿出來跟我說：「部長，我這個手機一打開，現在學校哪一間教室燈亮，哪一間學校燈沒有亮，我都知道。我這鏡頭按下去，教室裡面幾個人我都知道。現在是晚上十一點、十二點呀，這個教室一個人在那邊，我就會擔心，是不是想不開？如果兩個人在那邊，我就會放心，是不是在那邊讀書，或是在那邊談情說愛。我不放心，我就一按，把學校的燈關掉。」他用

這個大數據布置到這種高科技，然後遙控學校的一切，另外像是WiFi、手機、平板等等這些網路，這個我們在學校就用了很多。

另外，社群網路也是運用了很多，像 Google、Twitter、Facebook、LINE 等，也都成為很多學校的社群、老師的進修與同學間的聯繫。但是社群網路也產生新的問題，以前下班沒事了就回家，現在你回到家，老闆的 LINE 看到了：「明天我要什麼資料，你想辦法明天上班之後幾點鐘交給我。」你一個晚上都睡不著，所以這個高科技固然讓你聯絡方便，無形中也剝奪了很多生活的不便。我們很多教育部的同仁到晚上十一點都還在加班，老闆交代明天不交出來，他沒有業績，事實上這是有點不太人道。所以高科技有時候會相違背，會使人疏離。

我們說天涯若比鄰，沒有錯。你的兒子在美國唸書，你可以透過這個 Skype 與他對看、對談，不要錢。看到他有沒有長胖長瘦都可以，天涯若比鄰。但是若比鄰也若天涯呀！有時候你兒子在樓上要他下來吃飯，也都懶得去叫他，就用 LINE 通知或是打個電話上去，跟他好像隔了幾百里一樣，都要用視訊。所以有時候關係也會越來越疏離，比鄰也若天涯。

數位化校園其實就是把傳統的校園數位化變成數位校園，數位校園再智慧化變成智慧校園。智慧校園在臺灣是由資策會領導的，包括：「學習智慧化」、「社群智慧化」、「保健智慧化」、「行政智慧化」、「管理智慧化」、「e 能智慧化」。大陸這方面做得比我們更前進，這幾年你不要小看大陸，他是彎道超車。你一直跑，他就跑彎道超過來了。他們運動以前也不怎麼樣，但是 2008 年奧運會之後，他把運動高科技化，現在全球都很怕他們，每次奧運比賽獎牌都中國大陸最多。行政數位化的部分我們也有做，包括辦公室、人力資源、教學科研、輔導、人

事、會計等，很多都智慧化了。像是建築的安全、火警的感應、校園安全、碳排放這些都智慧化，還有相關的生活醫療這些也特別智慧化。未來學校面對智慧化，我們教育會受到什麼挑戰？師資培育會受到什麼改變？因為機器人它可能會取代人力，而機器人老師會不會取代老師，剛剛我們已經談過了，這部分會比較保守一點。

李開復認為，如果機器五秒鐘不能做決定、判斷，這個職業就不會被機器人所取代。教育是要傳道、授業、解惑，所以不只知識、授業這個會被取代，解惑因為機器人老師可以代勞，知識跟技能的傳授可以。但是老師會協助同溫層的互動，有深入的人文關懷，恐怕機器人老師沒有辦法去人性化、創新、愛心、耐心，這不容易被取代。所以說機器人老師不會主動去關心學生，但是傳統老師會主動看到學生的缺點，然後需要被照顧，到目前為止是比較不會被取代。

所以 4.0 的時代，首先學習要強調小組、群體的合作學習，人性化、人文化、啟發式的教學這些都是需要的。所以怎麼來結合人文科技的通識教育、跨學科教育的整合，都是教育要重視的。學生要有人文啟發、人文科技、跨學科的整合，老師也要，老師要以教育為本、科技為用。

中午楊教務長就問我說：「未來我們學生最需要什麼能力？」我說：「科技跟人文是需要的。」因為擁有了科技能力之後，要更好，一定要有人文。人文是讓你更美化，讓你更成功。所以一定要有人文的特色。

第二，基本教育跟數位教育要雙核心，接觸到的教育如果是有雙核心的教育，那麼會更好。前面所說像是清華大學的教育科技學系，就把原來的新竹教育大學的教育學系，跟清華大學的科

技學習加以整合，有基礎、有數位雙核心課程。它現在變成在我們教育領域前二、三名，分數很高。原來如果說清華的兩個系不如現在這個系，整合之後，有雙核心會更容易被接受。

因而在十二年國教中小學課綱強調要「自發、互動、共好」的概念。現在中小學生要有科技的素養，要做計算機訊息的課程，要有科技的學科，同時小學、中學要有強調 Maker 創客的課程，還有 Coding 程式的學習。所以現在中小學教育要有三語的教育，中文（華語）、英語，還有一個程式語言。

另外，跨學科、跨領域的學習也是需要。我一直鼓勵大家，通識教育不是營養學分，「跨領域、雙學位、雙證照」是需要的。將來你必須要跨領域再次學習，所以鼓勵大家利用在大學畢業之前，能夠除了你主修之外有輔修。沒有輔修，也要去修微學分、跨領域，讓你適應變遷的機會可以更多。

第三就是 STEM 的概念，這個 STEM 是 Science、Technology、Engineer 以及 Math，是歐巴馬所提出。現在再加一個 Art，人文、科技、藝術是不能缺少的。所以我們知道 Nokia 曾經是芬蘭國寶，現在雖然已經被併購不在了，但是 Nokia 講過一句話很有道理：「科技始終來自人性。」你的科技如果沒有人性，這個科技就沒有競爭力。

英國有一個傑出的物理學家叫霍金（Stephen William Hawking），他是一個漸凍人，但是腦力非常好。霍金在兩、三年前過世，他生前就提出了警告：「人類最大的危機是什麼？就是人類發明的機器人，讓機器人的智商超越人類。如果機器人的智商超越過人類，到最後，人會被機器人所消滅。」他說，有良心的科學家們，請你發明機器人之後要留一招，把機器人的智商設計得比人還低，讓人永遠可利用機器人來幫助人類，而不要把人變成

機器人控制的奴隸。很有道理，人性到最後還是要受到尊重。所以霍金這句話讓我相當有撼動的感覺。

　　人文是不能放棄的，看看爲什麼很多醫生的小提琴、音樂素養都非常好？都很有人文的關懷？醫術之外，還要有醫德就是這個道理。還有啟發跟創意。剛剛談到的，很多非程式、個別化、創新的產品，都靠人文啟發出來。所以我們說三創：「創意、創新、創業。」在過去勞力密集技術力時代，今天已經被知識密集所取代。知識密集的時代，創新力等於你有競爭力。你有創意、有創新，你就可創業。

　　我曾經帶領大學校長去哈佛、MIT 訪問，去看他們的三創課程。他們創業、創意的產生是來自於學生的社團，而學生社團的組成來自不同的科系。你不能同一個系組織成一個創意的社團，這學校不補助，一定要人文、藝術、科技、自然，不同學院的學生組織一個社團，這才符合創意、互相激盪的一個前提。然後再請專業的老師進行輔導，最後提出一個社團創意競賽像是駭客松（hackathon）。創意好的就有校外天使基金會來把它買走，進行商品化創業。

　　今天所需要的是創新與人文啟發，讓你有深度、有熱度、有韌性的一個特色存在。因此人文藝術、博雅、通識教育也是要強調的。因爲科技、AI 雖然是新科技，但是它的對象是人不是物。所以我們對人要有人的尊嚴被維護，人的價值被肯定，人的需要被滿足，人的動機被增強。所以要人性化，而人性化是一種人文的基本素養，是一種正能量的，才能把人的氣度、心胸、作爲加以提升。

　　博雅教育跟通識教育有什麼區別？博雅教育，Liberal Education；通識教育，General Education。General Education 就是說人

文、科技能夠整合；博雅講的是一個在中世紀時代，文學、藝術、詩詞、歌曲、修辭、哲學、宗教，這是屬於 liberal 博雅。人如果有 liberal、有博雅，那麼再跨領域到科技去，就變成通識。所以人文、藝術、博雅是經得起考驗，未來機器人它就缺少人文、藝術、博雅、通識。你將來要不被打敗，就要把人文、藝術、通識、博雅強化。所以同學們，讓你生活有品質、讓你生活有素質、講話有氣質，這就是人文、博雅、通識會為你帶來這方面的優勢。

另外，再次學習、終身學習的教育必須要重視。你現在是大學生、研究生，甚至就算是教授、博士，都還是要終身學習。我本身學的是教育行政，但也要懂得 AI，也要懂得工業 4.0 帶來的衝擊跟挑戰。這些以前老師都沒有教我，就必須自己終身學習。1996 年 UNESCO 提出 learning to know、learning to do、learning to live together、learning to be，更在 2003 年提出了 learning to change，就是強調要 lifelong learning。

未來知識的半衰期，有些知識會衰到一半，只有二、三年，尤其高科技。人文還好，人文社會學科有時候越久、越陳越香。但是高科技的電腦、手機，隔二、三年就被淘汰掉。一技在身想要終身受用已經不可能，要活就要 refresh、renew、learning to change。你現在還沒出來做事不知道，你人際關係好，你比別人容易成功。所以怎麼學會跟人家相處，這很重要。成就自己 learning to be，永遠不能小看你自己，你也可以自己做你自己生命中的貴人，你也可以因為自己的努力，讓你的潛能得到充分的開發，成就你自己。

我再講一個故事，巴西有一個總統叫魯拉（Luiz Inácio Lula da Silva），他是一個擦皮鞋童，這個擦皮鞋童怎麼後來變成巴

西的總統？就是自己做自己生命中的貴人。巴西首都以前在里約熱內盧（Rio de Janeiro），現在是巴西利亞（Brasília）。過去在首都街頭黃昏的燈下，有三個擦皮鞋童，這三個擦皮鞋童在燈下守了一天都沒有客人上門。突然有一個拿007手提箱、穿著西裝打領帶的老闆走了過來問道：「小朋友哪一個可以幫我擦皮鞋？我給他兩塊錢。」甲就說：「讓我擦！報告老闆，我今天早上出門，沒有吃麵包，我餓了一天。如果我沒有擦皮鞋賺到錢，我沒有錢買麵包，我等下走路回家都沒有力量。」乙就說：「董事長讓我擦，我早上出門的時候，媽媽生重病，我沒有錢帶她去看醫生，拜託啦！拜託啦！你讓我擦了，我賺了錢，我回去馬上帶我媽去看醫生。」這時候魯拉說：「你讓我擦。我口袋有一塊糖，我剛剛吃了，我很有力氣。我可以把你的皮鞋擦得很漂亮。你給我兩塊錢，我一塊錢給甲，一塊錢給乙。」老闆一看，賺錢自己不要，還分享給他人。「好！就請你幫我擦。」擦得很漂亮之後，就給他兩塊錢，他真的一塊錢給甲，一塊錢給乙。老闆當時很感動，就問：「年輕人你叫什麼名字？」他說我叫魯拉。老闆就說：「魯拉，這是我的名片、我的地址、我的電話。明天九點多到我辦公室來，我要見你。」第二天他去了，他說：「魯拉，你昨天的表現讓我很感動。這麼小的孩子就懂得怎樣跟別人分享，我覺得你很好，你不要再去擦皮鞋了，在我辦公室當工讀生，幫我沏茶、沖咖啡、送公文。」觀察三個月後，老闆覺得魯拉表現很好，就跟他說：「你去唸中學，你不能只有小學學歷。」中學六年畢業之後，老闆說：「你可以去選市議員，競選經費老闆幫你出。」三年後，更進一步選參議員，參議員選上了，錢也是老闆幫他出的。老闆又說：「魯拉你來選首都市長。」也就選上了市長。首都市長他也都做得很好，就進一步選

總統了。就這樣，一個擦皮鞋童，靠著自己，受老闆賞識，老闆給他的鼓勵，他當了巴西的總統。自己做自己生命中的貴人。所以我們說學習成就自己，learning to be，不要小看你自己。教育讓你脫貧，只有不斷地努力上進，成功就是屬於你的。所以我說終身學習，你不學習就會被別人超過，機會就沒有了。所以時代在變、潮流在變，我們要不斷地再學習。

談到智慧的時代，就必須整合這些事，宏碁執行長就說：「因應 AI 人工智慧的發展，教育應該以人為本。」人工智慧應用的價值要肯定它。把 AI 當作是人類共創價值的夥伴。所以你一定要把 AI 當作你未來共創價值的，甚至利用 AI 去找到你的職位，去發展你自己的財富。

第二，李開復也認為：「AI 跟工業 4.0 的時代，如何培養人類面對複雜系統綜合分析決策能力、對藝術提高的審美能力跟創造思考？這是人工智慧最需要的一種技能培養。」所以你去分析怎麼綜合藝術人文、怎麼去創新，就變成需要的，不是只有科技而已。這種人文思維，榮恩這位德國的企業家就說：「工業 4.0 的核心是人不是機器，要懂得利用 AI 的技術，更要有人文啟發的教育。」所以我認為，今天的時代要怎麼樣重視 AI？如果把老師當成一個企業要就業的人，就必須要有專業的核心知能。學理工的就要有理工的專業，第二個是人工智慧新科技，第三是數位科技整合能力，要有跨領域整合的能力，如 STEAM 的概念：科學、技術、電機工程、藝術、數學這種跨領域的技術素養。創新、創意的思維啟發的能力，人文藝術的文化素養，還有博雅通識。所以人文、修辭、音樂、藝術、美術這些，再加上人文科技的整合，還有我們剛剛談到的終身學習，應該經得起新時代的一個考驗。

對話

　　時間的關係，我就講到這裡。副校長說還有一點時間讓大家提問，那我們就看看在方形劇場、圓形劇場的在場各位，有什麼問題，謝謝。

江大樹副校長

　　大家聽了吳部長精彩的演講，應該有很多的啟發，有很多的感想。有很多的趨勢，大家已經正在面對，也有很多挑戰，大家也在培養自己的信心。暨大的同學們都相當的認真，對於各項的課程、活動，也都非常積極的參與。我想這是部長提到我們在這麼美麗的校園、這麼好的環境學習，大家會覺得我們不是只有科技的素養跟能力，我們還有人文的關懷，還有對於未來這個社會進步，我們可以扮演的角色。不管是什麼樣的專業，我想我們都應該可以對未來臺灣這個社會的進步發揮貢獻。

　　部長剛剛的演講非常的精彩，大家從工業 1.0、2.0、3.0、4.0，了解到整個人類社會進步的一個軌跡。整個工業發展的一個變化，帶給人類生活更多的便利。在這同時，部長也跟大家講，整個教育學習從 1.0 私塾的，到 2.0 整個普及教育，再到 3.0 的這個 e 化的學習，還有到 4.0，現在要重視的數位的、智慧化的學習。

　　部長也跟大家做了很多的說明，在他擔任很多教育、行政重要工作的過程裡面，對臺灣的學校教育、校園進步的推動，他所規劃的各項設施，各項教師的培養。從智慧校園再到我們智慧學習的過程，還需要我們的老師跟同學，相互的互動，互相的在整個數位科技的進步底下，大家找到最符合自己學習需要的一種互

動模式。

很感謝部長把這樣子從工業 4.0 到教育 4.0 整體的完整圖像跟大家做了詳細的解說。部長真的是一個教育家，娓娓道來每一個理念，每一個進步的趨勢，應用在什麼樣的面向上，而且舉了非常多生動的案例。特別部長也以自己還有巴西總統魯拉，即便是貧困出身，也能夠透過教育、透過自信、透過不斷地追求終身的學習，能夠翻轉自己的未來。部長把幾十年來寶貴的經驗都轉化成今天的這個大師講座，接下來還有十分鐘左右的時間，保留幾個提問給各位同學來做對話。

張同學

部長好，各位老師好，我是教政四的張同學。剛剛部長有提到現在 108 課綱的目標。我們知道在教育目標下需要仰賴教學現場的老師去執行，面對教學現場的老師其實有一些是在過去師培制度培養出來的，所以他們可能會面臨到一些職能不足需要提升的問題。還有面對教師的鬆散結構，他們有的會有願不願意執行的問題。想要請問部長這方面怎麼看、有什麼想法跟建議，謝謝。

吳清基教授

這個問題非常好，108 課綱強調適性揚才。教育有三個 dimension，認知、技能、情意。就是說給一個學生知識的成長，給一個學生技能的養成，給他一個良好態度觀念的建立。這三個層面在今天素養教育教的是說，要用你的知識跟技能的學習來更有效的適應社會環境，過一個更有意義、更有體會的生活。這個觀念的改變其實成敗在老師，老師是有很大影響力的。我們知道老

師一般來說，是比較保守。因為年齡、經驗、學術不相對稱，師生的互動上，老師占絕對優勢，變成老師會保守，安於現狀不願意去改變。所以今天教育改革要成功就是老師的熱忱、老師的信念要改變。

當然新課綱的精神，老師是不是完全了解到？教育部有責任，要透過研習、透過分享、透過社群的訊息，讓老師趕快掌握新課綱教改的重點在哪裡。老師如果有這個認知能力，一般是願意跟學生分享，沒有一個老師不愛學生的，但是有些老師就說：「我不知道，我怎麼教你們？」他就用過去固著的知能習慣去教學生，這樣教改就還是回到原地。所以我認為可能需要教育單位做更多的教師進修跟研習，做更多的宣導。

然而政府的力量有限，民間的力量是無窮。我個人退休以後，成立了中華未來學校教育學會，過去二年得到一個企業界的朋友捐了一億元。我們集合全國一千二百多位中小學的老師跟校長，編製了國小、國中、高中，國英數社自五種的素養命題跟素養教學八百則的教案、二萬題的情境命題，無償給老師、學生、家長參考使用，希望協助老師趕快掌握情境。

這位企業家是東勢鄉的人，一個東勢高工的學生，後來唸龍華科大，再唸臺北科大，再唸臺北大學研究所，再唸高雄應用科大博士班。一個高職學生後來拿到博士學位，開了十幾家公司，擔任臺灣知識庫的董事長。他捐給學會巨額經費。目的是什麼？就是要幫助老師知道什麼叫做課綱與素養課綱的教學，然後再讓老師有教案可以好好教，讓老師有題目可以幫助學生來適應這個學習。

所以你講的這個問題，政府有責任，但是公家機關有時候做事比較沒有效率，就要仰賴民間協助。政府做了十幾年沒有成

功，民間一年就做出來了。所以我說「政府力量有限，民間力量無窮」。必須官方跟民間一起來，然後家長觀念要改變，那老師也要改變他的教學，就自然有機會。

江大樹副校長

謝謝部長對張同學的回應，上了寶貴的一課。大家也對部長退休之後還持續的在這樣子的一個公益性的基金會，推動這麼多的教學改革工作，是很令人感動的。再徵求第二位同學的問題。

羅同學

老師好、教授好。我是教政三的羅同學。剛剛看到有一個表格是吳清山老師整理的表格，他寫說教育 4.0 是從 2010 年開始，我想請問吳教授您覺得教育 4.0 可以維持多久？以及如果未來有所謂的教育 5.0，是否也是透過工業 5.0 的出現而產生的？

吳清基教授

這個問題非常有前瞻性，當時老師整理這個表格的原稿是來自印度學者的一個訪談。當有工業 4.0 之後一定會有工業 5.0，那之後教育在面對經濟的挑戰、人才培育，該怎麼樣去應對，自然就會有新的態度出來。所以到時候 5.0 自然就會呼之欲出。但目前我們還看不出來，就像說 4G 到 5G 還有一個時代，那麼這樣的一個轉變，工業不斷在演進。所以美國為什麼要打壓中國大陸？因為這是高科技時代，中國大陸喊出 2025 中國製造、世界第一，成為第一經濟強權。美國就是不讓你這樣做，他還是要當世界的霸主，所以高科技就不讓你來搶，所以就對華為出手了。就像 1980 年代的日本，Japan No.1。美國高速公路上跑的車都

是 Toyota，美國人想說，日本那麼強怎麼可以呢？不能讓日本太猖狂。美國就下手要求日本調整匯率，把日本匯率調整好幾倍之後，大家都不買日本貨，日本貨出不去，日本通貨膨脹二十年，讓日本倒下來的就是美國。現在美國就認為，怎麼可以讓中國強盛？所以貿易戰、科技戰就開始了。因為 5G 的厲害，所以大家都看得到未來高科技的作戰會非常激烈。你要成為贏家，這個數位科技的專業，多花點時間，那你就有這個能力去面對挑戰。

江大樹副校長

謝謝教政三羅同學的問題還有部長的回答。那最後一個問題。

朱同學

部長好、教授好，我是東南亞五年級的朱同學。因為我本身是技職體系出來的，我覺得在臺灣有很多技職體系比如說高職，或者是專科是私立的學校，私立的學校跟公立的學校，就是不一樣。私立的話就是有財團，有些是比較沒有良心的。就是他們收了很多很多學生，收了很多錢，可是教育的設備並不好。所以我覺得像剛剛前面就是在講技職教育的推動，還有技職教育的重要性。這些我非常的認同，可是我認為是不是在臺灣私立的技職學校，它就是比較考驗教育從業者的良心。這是我第一個問題。

第二個問題是，我覺得現在這個新的教育模式的翻轉，在臺灣也算是很多大學都很盛行。比如說傳統方式就是老師教、學生學，現在的方式是比較像老師跟學生平起平坐，一起討論、一起思辨、一起去整理出一個結論，或是老師也是平起平坐把他的經驗給我們。我覺得這不是不好，但是會不會因為以前過去受的教

育就是老師教、我們去吸收，所以其實包含我自己，或是有一些我聽到有些高中生、有些大學生跟我說，他們對於這種新的教育模式的環境還不適應。所以我覺得是不是有些人是需要一個適應期，可能在這個模式下，他會有點吃虧，可是他會需要適應期也可以做得很好。

吳清基教授

這個問題我非常佩服。職業教育後來會有私人捐資興學是怎麼來的呢？民國 50 幾年當九年國教要延長的時候，教育部長黃季陸就跟先總統蔣公講說：「總統，我們九年國教希望全力來提升人民素質，讓臺灣有競爭力。九年國教這是全民的事情，我們政府來辦；那麼高職升專科提升外貿經濟競爭力，讓私人來捐資興學，私人也要來辦。」當時政府沒有財力，只好找私人捐錢，然後讓私人捐資興學來辦專科職業教育。所以今天看很多私立科技大學、專科學校要退場，我們實在是很不忍心。大部分當然是正經、正常、有良心的辦學，少數的董事長、企業的財團，利用學校來洗錢，那是違法的，大體上來講，很多人都捐了錢之後，就是作育英才，沒有私心圖利。

第二，師生現在學習態度的改變之後，很多學生還是不習慣跟老師平起平坐，我想這是會慢慢改變的。臺灣孩子也比較保守，老師問有什麼問題，一般來講都是不舉手的。你到美國去唸書，要討論，大家搶著舉手，大家發表自己的意見。我就是不懂，我就是學生，所以我不怕我講不好，我講不好才表示說我需要學習。但我們就怕人家笑，就不敢舉手。我跟各位講，跟大陸的同學比起來，我們真的不如大陸同學。在場有大陸來的同學，他們是很積極學習很認真。我當臺北市教育局局長時，建國中學

校長徐建國就跟我講：「建中的學生雖然在臺灣算是很好的，到北京、清華去，回來暑假向他說：『校長，我們到北大、清華都跟不上人家，我們還要做課後輔導。』你就知道大陸學生集全國菁英在北大、清華。所以他們很積極、很認真、很用功。」臺灣八點鐘、九點鐘第一節課，有些人班上的同學還不願意來；北大、清華就集體全部住校，六點學校叫醒，六點半，一樓的教室、樹底下開始讀書，背英文、唸英文，大家很用功，大陸學生非常認真。現在美國實驗室不用臺灣留學生，因為臺灣留學生去就懶惰，實驗室不會好好看。大陸學生可以給你看守二十四小時，所以你知道這樣下去臺灣的競爭力在哪裡？我們有點擔心，你九點鐘還在寢室沒出門，人家六點半就在學校開始讀書了。有時候我們想一想，臺灣有優勢，但是臺灣也有跟不上人家的地方。所以說學習的態度要改變。民國 100 年開放陸生來臺求學，是我當部長衝破政治難關達成的。陸生來，給我們很大的啟發，他們比你用功，他們的學習態度值得我們學習。

江大樹副校長

謝謝部長關心。我們今天的大師講座、通識講座就要在這邊告一段落，感謝吳部長不遠千里而來，給大家這麼精彩的演講。也感謝我們這麼多的同學專心的聽講，還有三位同學提出問題來請教部長。最後是不是大家再以最熱烈的掌聲，來謝謝吳部長，謝謝。

學校組織創新經營的理念以及策略

秦夢群教授

國立政治大學教育學系名譽教授

講演時間：2021 年 5 月 13 日

講演地點：國立暨南國際大學綜合教學大樓 A105 哈佛個案教室

前言

　　暨南大學在二十多年以前，還是一片荒草的時候，我就來此造訪過。剛剛還跟院長報告，當時籌建這所大學的教授們，跟我談了許多他們的夢想。你看日子過得這麼快，今天能夠坐在這個地方，真是需要感恩。當時教育部決定要在此地建立一所大學，是非常了不起的。否則依照當時的思維，會認爲說臺灣很小，爲什麼學生不能到大都市去讀書？所以當時要籌建這所學校，我覺得非常了不起。那些籌建學校的教授，許多都已經退休，甚至已經過世了，值得後人深深感念。

　　重要的是，前人打下基礎，接下來要怎麼走，就是我們的事情。所以今天我要爲大家講的題目就是「學校組織創新經營的理念以及策略」。因爲如果你不創新，就可能滅亡，這是非常可怕

的一件事情。今年（2021）國中會考報考人數只有二十萬兩千人，這是已經正式報名的。大家可還記得上一個虎年，就是已經升上小學五年級，人數只剩下十七萬多。也就是說再過二年，國中學生會從現在的二十萬跌到入學只剩下十七萬多。如果學校本身不好好努力，請問學校要如何活下去呢？但很多人說不會呀，我們學校目前經營都還不錯。可是，你再回到你原來的國中或高中去看，你會覺得它有什麼改變嗎？我覺得沒有。我回到母校，感覺變化不大。因為學校裡面如果要做一些創新，要做一些經營的話，很多老師說：「可是我們也教得不錯呀！幹嘛要去創新呢？現在其實已經做得蠻好了。」

在我演講一開始的時候，我先為大家放一段很小的影片（省略），這個影片就是告訴你說，其實改變是從很小的地方做起。這一支 IKEA 的廣告，大家來看一下，IKEA 這間瑞典的公司是怎麼樣跟一個學校來改變一個教室。因為這個教室有了改變，所以這個才會有所謂的創新的活動出現。

我之所以會選這個影片，因為就是 IKEA 拍的，所以比較像樣。學校拍的影片大部分不是很好看，雖然他們做了這麼多事情，可是無法完全呈現。我們做了這麼多事情，拍出來的東西讓人家覺得並沒有眼睛一亮。影片中的教室沒有做太大的改變，大家有沒有看到，還是磨石子地。但是它第一個是桌子改變了，還有旁邊的櫃子改變了，這不就是你去 IKEA 的時候所看到的嗎？

因為它做了一個小小的改變，就可以看到當請學生看影片時，他們就可以直接坐在地上看。它的桌子是可以合併的，而且合併的速度非常的快。大家還記得以前上學時是不是要做所謂的協同式教學嗎？我當時就說，要做協同式教學一定會失敗。為什麼？因為教室沒有改造呀！如果我們要小組討論時，沒有辦法很

快分散座位，或者是讓大家覺得很舒服的排列組合，又如何完成所謂的協同教學呢？

當時沒有所謂的班群教室，如果我有兩班的同學一起擠進來的話怎麼辦？總是要有一些基本的配備。剛剛大家看到這一間學校跟 IKEA 合作，IKEA 就用最簡單的東西做了一點教室的改變。各位有沒有想過，光做一個小小的改變，就居然能夠拍出這樣的一段影片？而且那個老師看來也是相當的開心，你會發覺老師就願意坐在教室的後面。以往許多老師抗議，認為我怎麼可以坐在教室的後面？完全受人監視。IKEA 教室的改造，就可以吸引老師坐在那裡、那個地方，如果前面有老師在上課，他坐在後面，還可以維持一下秩序。

我們知道有些在臺北的私立學校，都是用雙導師制，就是前面有科任老師，後面就有導師坐在後面。以前還曾經有過案例，就是要老師坐在教室的後面，他們都不願意而反對。就是因為你現在的教室沒有辦法讓他坐在那個地方，從這個地方可以看得出來，今天你要做學校創新經營，就得花點腦筋進行改變。

為什麼學校要做創新經營，就是因為學校為了因應外在環境的變化，以及各個利益團體的需求，學校的各層面有不同的經營模式。最近興起的實驗教育，臺北市有好幾所公辦公營的實驗學校開始運作。大家知道實驗學校跟特色課程是不一樣的，當然實驗學校一定要有特色課程，但是有特色課程不見得會變成實驗學校。為什麼需要這麼多所公辦公營的實驗學校？就是因為要符合環境的變化，以及各個利益團體的需求。譬如說在臺北，有幾所學校的招生出現問題。當地社區的家長不喜歡現在這個學校辦學模式。所以為了要處理這些問題，尤其招生是越來越低，就要轉型變成一個實驗學校。

　　可是要將一所普通學校變成實驗學校的時候，要花上很多的時間與精神。如果是一個公辦公營的實驗學校，必須要經過學校的校務會議通過，也就是要經過老師半數以上通過，才可以申請實驗教育。而且這個實驗教育要寫一個計畫送到委員會，經過委員會通過後，可以先試辦一下。經過試辦過程後，才可以正式辦理。而且在辦理一定的時間之後，還要接受評鑑。我現在問各位同學，請問南投縣有沒有公辦公營的實驗學校？有沒有？有嗎？是哪一所？

　　同學：南投縣的長福國小。

　　對，你看，有很多人都不知道。所以我剛才談什麼所謂的特色經營，就是學校必須要有所變化，而不是再像以前那樣一成不變。第二個就是學校受到新管理思潮的影響，譬如說開放理論，或者是組織學習理論、混沌理論。

　　以前的校長大家都知道，就是道貌岸然，他就坐在辦公室裡面，等待經費從天上掉下來。的確就是從天上掉下來，因為以前不需要任何的爭取，學校有多少學生，有多少人頭，反正就是這些經費。那現在不一樣了，現在的家長非常有主體性，只要一、兩位怪獸家長跑來罵你，你就吃不完兜著走，所謂的開放理論就是如此，強調組織不能忽視外界之影響。還有，在物理領域常說的「熵效應」，其指太陽在經過多少億年之後就會燒盡，因為裡面的氫氣有一定的年限。很多人說學校也一樣，學校本來就該滅亡，因為它就已經太老，已經不行。誰說的？現在流行的是要從外面吸收能量，就像吸功大法一樣。我們現在學校不行了，要換一個方式經營，這樣就可以爭取不同的家長願意來支持。否則如果還是同樣一批家長，多半不會支持現在有的經營方式。

　　還有教育改革的契機。當前家長的教育權意識非常的高漲，

以及高科技的日新求新，經營方式也是不斷的改變。現在你只要跟學校說我們學生手上都有一個 iPad，這就不得了了，家長就認為這所學校看起來不錯。但其實你都知道，學生手上雖然有一個 iPad，但是要有搭配的課程，還有要怎麼用？不是說學生手上有一個 iPad 就非常偉大，不是這樣，但至少家長會覺得表面效度是很夠的。因此有的時候，學校不得不做點秀，讓外界覺得說我們是與眾不同的。那這就必須要創新經營，否則的話，你拿什麼東西去給外界看？

學校為什麼要創新經營呢？因為學校教育的內容跟生活所需要的技能一直有著相當的差距。這個我相信大家都知道，貴校的學生跟政大的學生一樣，在畢業之後常常被業主罵說：「你們到底學了什麼？你們老師到底教了什麼？你們出來好像就像白癡一樣。」我常常也跟業主回說：「大學不是就業補習班，你要的話請到職訓局去找那些學員，大學要培養的是基本的能力。」

但是實務上，我們也不能夠完全不理這些業者，因為那些業者認為說，你生活的知能跟社會與就業的東西差別太大，也是不行的，所以你必須要有點創新才行。還有當專業知識快速成長的時候，這差距會隨之擴大。回憶以往我在教育系，就是只研究理論，什麼領導理論、溝通理論，現在不一樣。大家如果仔細看高普考的試題，考科大概會有一半以上是考時事題。教育行政這十年，是補習班公認最難猜題的一科。因為會出現很多的時事題，而這些時事題千變萬化，你用背的根本就沒有用。你得要平常就浸淫於時事中，才能夠了解為什麼如此發展。像剛剛我講，臺北市興辦公辦公營的實驗學校，就牽涉到〈實驗教育三法〉。

現行的實驗教育乃是經由〈實驗教育三法〉所通過的各種類型的教育，才叫做實驗教育。這些時事問題，你必須要非常的

清楚。還有最近我們就談了很多的雙語教育。之前柯市長的作法就是希望體育與藝能科老師上課講英文，因為那些科目實作部分較多。採用模式叫 CLIL（Content and Language Integrated Learning），即是把英文滲入到教學內容中。所以現在所謂的雙語教育的形式有非常多種，那萬一問你說到底這個雙語教育要考什麼東西？那就非常的麻煩，因為現在各縣市做的都不太一樣。

同樣的道理，我們就要問各位同學了，請問南投縣在雙語教育的方面做了些什麼？一定要想想看好不好？因為就在你的身邊，要看南投縣到底做了什麼？尤其我們這些教授一定都是被南投縣政府請去做高級顧問，那你要跟他講說在南投縣資源較匱乏的情況中，請問我們能做一些什麼東西？當時柯市長就說用最快的速度來選擇科目，最後就是選擇藝能科跟體育科，那時候的背景就是如此。

還有就是如何促使學校職員繼續不斷的學習專業成長？這是決定差距是否擴大的關鍵原因。有的校長在就任的時候，把學校變成了一個英語魔法營，大家還記得嗎？他們現在就會變成是雙語學校的重點學校，也就是說，當時他們只要有做點東西的這一類學校，他們後來就會被縣市政府揀選成為這個去實踐特殊計畫的一些學校。

所以我就常常問這位校長說，如果現在叫你只說出一樣東西，你覺得你的學校最具特色的課程是什麼？只要告訴我一件就好。有些學校還說不出來。有的學校說本校推行鄉土本位的課程，或者生態課程。這個都可以，但是學校一定要設計出來。

還有在少子化的趨勢之下，教師的超額調動，校際的競爭。今天如果你旁邊有實驗學校，你就面臨危機。為什麼？因為它就像一個大吸鐵一樣，會把你的學生給吸走。臺北市是這樣，你不

變新的學校沒有關係，它要有特色課程，尤其家長最喜歡的就是語言的特色課程。就像我剛剛講的魔法學院這種東西，它馬上一吸，就把其他學校的學生給吸過來。在少子化的情況中，如果不好好努力的話，你會非常慘。尤其當你挨家挨戶去跟這個家長談的時候，家長一定會問你說：「那你的學校有什麼特別的地方？我們為什麼要把小孩送到你那邊去？」我相信你們也一樣，對不對？你們的小孩也一樣。

那什麼叫創新經營？吳清山教授、張明輝教授還有我們所講到的，其實就是學校為了滿足學生與家長的課程需求，維持內部競爭力並且提升教育品質，而在組織內部跟外部經營作法上進行改變與創新的行為。像剛剛講的那個教室就是其中的一種。你看那個教室以前就是傳統的，當然傳統教室我們也可以把它併在一起，可是在跟 IKEA 的家具比較起來，差距很大。而且我們原來的那些教室，要併起來有時候還真的併不太起來，因為桌子不夠大。旁邊那些櫃子其實小朋友就很喜歡，而且有一個小沙發，我就覺得說坐在這個教室裡面比較高級，老師在採取不同的教學活動時，你看它的窗簾也蠻好的，我也很欣賞那個窗簾。拉起來以後，裡面可以看影片，宛如是自己的一個世界一樣。我們現在有一些學校的窗簾就一塌糊塗，通通都拉不起來的，常常會發生這個狀況，我們要看個影片都會很辛苦。

有關於創新經營有一些理論，因為畢竟是個學術演講，一定要談一點理論，知識轉化理論、組織學習理論、知識的管理理論等，我就用一個簡單的例子跟大家講一下學校怎麼做一些所謂的創新經營？很多校長抱怨：「秦老師你每次都叫我們創新經營，但老師都懶得很，我一點辦法都沒有。你知道嗎？甄選時有的學校還要求候選人答應特定條件才同意。什麼條件？第一就是不要

來煩我們，就是一切照舊，大家就日出而作、日落而息。萬一有時老師不在辦公室，請不要慌張。萬一你下面又有一些萬年主任，他就跟你講說：『校長，你只是過客而已，我在這裡已經做二十年了，我會幫你做得好好的，我就是你最好的助手，你呢，什麼都不要管，你就開開心心的每天來上班，什麼也不要管，反正我們大家都已經習以爲常了。就是這樣子做，然後學生也會畢業，老師也不會有怨言。但是你就不要從外面搞一些有的沒有的，譬如說叫我們要去進修，然後又要我們改變，又要我們改教法。最好不要這樣。』她說老師會不高興。現在很多有這種情況。」

所以你怎麼辦？我們現在的《教師法》中其實對於老師的保障是很足夠的。我們實在是沒有辦法強迫老師，我用「強迫」兩個字。但是我不喜歡強迫，因爲任何強迫都是不好的。校長手上並沒有什麼武器來做所謂的創新經營，所以他只能使用一些理論，然後來做一些處理。

壹、知識轉化理論

其中最有名的一個理論，就是「知識轉化理論」。我們現在的知識中，其實分成兩大類。第一大類叫做 Explicit Knowledge 這叫「顯性知識」，像我們現在講的很多東西就是顯性知識。它是很客觀的，能夠以文字、語言具體呈現說明的，屬於心智的、理性的知識。還有它是一個連續的知識，就像我出的那些書有沒有？那些 model 其實它已經成形了，已經爲學者他們所驗證過了，所以那些 model 大部分都是所謂的顯性知識。像你們聽過很多的領導的模式，譬如說校長怎麼轉型領導？校長怎麼制定最流

行的分布式領導？這些都已經經歷了一定的所謂的驗證。

一、隱性知識

　　但是你要記住，在我們教育中，有一大類叫「隱性知識」，叫做 Tacit Knowledge，什麼意思呢？它是很主觀的，難以用文字、語言具體呈現說明，屬於實作的經驗知識。這個你問你們學校或中小學譬如說，大家公認這個教學最好的老師，你跟他講說：「他們都說你教得最好耶！你到底怎麼教的呀？你告訴我，我好讓其他老師知道。」那個老師就說：「嗯，這個很難說耶！請你來看我教就會了解。」這就是一種隱性知識。因為這個老師他會在不同情境中碰到不同學生，譬如說你今天來看他這樣教，跟明天來看他這樣教，多少有點不大一樣，為什麼？因為他會根據學生當時的一個狀況，還有當時的教材，以及當時時間的限制，且就他所能夠得到的一些工具做變化，這個就叫做隱性知識。而這個隱性知識本身往往就是我們在創新經營中最重要的泉源。因為它跟傳統的教法不一樣。那個老師，大家公認他最好，一定是跟其他的老師有所不同。

　　所以一個最偉大的運動員，絕對不可能用完全一樣的模式。如果他們碰到不同的對手，當然就是在所能選擇之中，挑選一些他最擅長的攻勢。老師不是也一樣嗎？所以我們就要儘量的讓他們的特殊性能夠彰顯出來。所以後面就是我們所講到的，有一個很重要的知識轉化模式。當一個校長時，我們要怎麼樣讓這個學校產生在知識中的一些轉化。這是從所謂的隱性知識變成顯性知識。

　　隱性知識有一個社會化的過程，什麼意思？學校就是有一小

群老師很喜歡在一起討論教學理念或教學方法。有時候在一起聊天的時候就會談說：「這班很難教耶！你是怎麼教的？譬如說這個學生都不會，怎麼辦？你是怎麼處理的？你要先教什麼？」這個就是我們所講到的非正式的會議、人際的分享。如果你的校長什麼事都不做的話，他就永遠只存在學校非常少數老師的一個群體裡面。

所以我們今天做教育行政，很重要的一點就是要把他們好的東西弄出來。怎麼出來呢？我們希望把它外部化，什麼意思？就希望要由隱性知識變成顯性知識，我們經過會議的研討或是進修，利用一些機會，例如雙語教育，知道有一、兩位老師在這方面有一些構想，是不是請他們做一個小單元看一下。先做一個這樣的東西，然後完了以後、大家覺得很好，再來鼓勵這些老師說：「我們就去參加，不見得要得獎，但就讓別人看看說本校有這樣子的教法，我們怎麼設計這個課程、怎麼教？」這個時候就會比較外部化，隱性知識經由會議的研討、研習的進修以後，會變成一個外部化顯性的知識。

可是這個時候的顯性知識還不夠，為什麼？因為還只是一些Ideas，或是一些作法而已。譬如說經過觀摩之後，一定有其他學校的老師會舉手問你說：「那你為什麼會這樣子呢？我們碰到這個問題的時候，你要怎麼處理呢？」所以從顯性知識要進行組合的動作，這個動作就是要把它「概念化」，經過知識的辯證之後概念化，變成一個後設的認知。

到最後，他們有的東西就會變成資料庫、手冊、計畫、紀錄，所以這個時候它就會變成顯性知識。舉最簡單的例子，雙語教育到最後就是希望是用英語來教英語，全英語就是 All English Teaching，亦即我們在上英語課的時候，完全是用英語來教。這

個是不容易的，為什麼？因為你必須要做很多事先的動作，否則那些孩子聽不懂你在講些什麼東西，他本來英語還不錯的，但因為你講的英語跟一些單字聽不懂，因此他更不知道怎麼學習。如果用英語來教數學的話更扯，本來大家數學就聽不懂了，還用英語來教，那怎麼辦呢？

　　但是有一派的人認為說，在教所謂 Foreign Language 的時候，一開始就要用那個 language 來教。當然這是他們不同的看法，所以有不同的形式，那你要怎麼做？個人自己去做，會不會被人家批評？但是沒關係，這是一種教法，也是一種創新的東西。譬如說像華德福，華德福他們非常重視手做，所以他們在小的時候並不鼓勵大家看電腦、平板。所以有人批評華德福教育（Waldorf Education）大多覺得很笨，你看小孩，每天就在那邊捏那些黏土，然後每天在那邊做手做，然後做那麼醜。但這是華德福他們願意，他們覺得小孩子要去體驗，這是一種教育。你可以贊成，也可以反對，也可以批評，但是它就呈現一種不同的教學理念。

　　此外，還有像蒙特梭利教育（Montessori Education），也有另外的一些理念。他們最後有沒有手冊？有的！這些你可以同意也可以不同意，他們當年也是從所謂的隱性知識來變成的。

　　所以任何一個學校的經營不是那麼容易。當它組合成一個顯性知識以後，就要推動課程的實施跟方案，這時有些又變成隱性的知識了。為什麼？因為後來在做的過程中，可能又有不同的作法。所以我講說像那種 All English Teaching，就是有各式各樣的作法。即使我全部都是在講英文，可是我什麼時候講？是不是前面要先一些教學前的訓練？或是單詞、單字的提醒等等，這個每個人作法不一樣。

　　中部地區有一些所謂的「另類學校」，我今天沒有時間來介紹。譬如說臺中有一所學校推動「食農教育」。它是要小朋友自己去買菜，自己做飯。當然有很多的家長會認爲說：「這太不像樣了，小朋友爲什麼叫他買？」但是他們很堅持，認爲這是一個食農教育。你們有機會的話可以上網看一些實驗學校。他們也是經過很多次的實驗之後，才變成如今的這樣的一個局面，所以大概是要經過這些所謂的知識的轉化。

　　因此從社會化、外部化、組合跟內化，就是我們現在講說要以學生爲學習的中心。在杜威（John Dewey）那個年代的時候，你講這句話，大部分的老師會覺得，你就是個不負責任的人。在杜威那個年代，如果你跟教師講說：「我們要做中學。」那還得了？我的天呀！你如果是在英國文法中學，有老師應該就會罵你說：「你什麼東西呀？你懶鬼呀你！」他「做中學」，你就休息了對不對？他們以前有一派這種作法你知道嗎？那種菁英式的教育有沒有？光背那些什麼希臘文、拉丁文，一直唸、背誦，他們認爲這是可以激勵他們的官能。曾幾何時我們現在大家已經說要「做中學」，可是「做中學」要做到什麼程度？那這個是各派的看法都不一樣。

　　多年以前我還記得，我要閱讀伊利奇（Illich）的《非學校化社會》（*Deschooling Society*），他就是主張要把學校解構。當時的伊利奇主張要用 community，他認爲學校是一個所謂的霸權，就是一個階級的代表，我們應該要用網路。當時 1971 年發表的時候，被大家罵到、笑到不行。我常常跟學生講說，你看他如果還在世的話，他會很高興。我們現在的網路教學，經由社區，然後經由各種知識庫，其實達成了他所想到的一些理想。他認爲不需要有學校，因爲學校就是一個 class（班級），會造

成 class（階級）一個非常重要的機構。所以一個校長本身，你得要先去觀察你的學校裡面，有沒有這一群老師，你要好好珍惜他們，你就能做出東西來。沒有老師願意做，那你怎麼辦？所以 model 是非常重要的。

二、知識螺旋

再來我們現在來看看「知識螺旋」，你一定要有個知識螺旋，你才能社會化、外化、內化結合。譬如說邊做邊學、建立活動的範圍等等。你會發覺你的東西是每一次都在改變，就是剛剛所講到的幾個階段：第一個要分享隱性的知識，然後創造觀念，接著要證明觀念的適當性，以及建立原型，進而跨層次的知識的擴展。從分享隱性知識開始，然後創造觀念，再去參加一些發表會，或者是學術研討會，讓外面的人來給你很多的概念、知識。接下來證明外面的適當性，到底有沒有辦法證明我們做的東西，最後建立你的原型。我們現在看到很多各種各式的教育學方法，其實也就是經過這樣的過程而來的，要經過非常多的歲月才能去完成。

貳、組織學習理論

接下來我們進入「組織學習理論」。相信大家也非常了解，必須要有系統性的思考，對於問題要全方位的透視。就像我們今天，如果你要用一些 technology 來幫助你，沒有那個 technology 是沒有辦法建立起來的。譬如智慧教室到底要包括什麼東西，這就會有些原型需要做，所以你一定要有系統性的思考。我常常開玩笑地講，我有些學生做校長以後，早上七點站在門口，然後大

家就說這校長了不起，這麼寒冷，大家都快凍死，他還屹立不搖地站在那裡。對不起，那是已經幾千年以前的時代，我們變得已經不太欣賞這種校長。尤其當校長又說：「你看你又服裝不整，你幹什麼的呀？頭髮這麼長。」我跟學生講說，你做校長千萬不要把自己做得這麼小。後面有學務主任，你跟學務主任講說：「剛剛那個學生有狀況，你去處理一下就好了。」否則的話，做一個校長一天到晚在那邊搞那個幹嘛呢？你要講的是我這個學校到底要何去何從？就現在的各種天時、地利、人和，到底哪一項我可以往前面走，所以系統思考很重要。

一、心智模式的改變

還有「心智模式的改變」。必須要成員中相互分享新的觀念，而且必須要不斷地釐清、反省，才可以有基本的價值觀念。像我現在做大學教授，就在我的教法上做了非常多次的改變。譬如說以前在教博士班的時候，每個人都要唸英文，現在就改變為一個團隊合作的方式。譬如說兩、三個人一組，其中就有強弱弱、弱弱強。那個弱的呢？就準備茶點就好了，強的呢？就負責召開會議，解釋給他們聽。我現在用 team，就比較可以，如果單獨的話就不行。而且我現在讓他們自己去選，我有很多篇 paper，讓他們自己去選。因為以前是我發給他們說你就要唸這些，現在因為有網路，像政大的網路很厲害，買了一堆的期刊都沒人看，只有我看，我就要求其他學生通通得上網，去看那些期刊。

但是每個人有每個人的方式，所以我們要幫助學生建立「共同的願景」，如果沒有願景的話是不行的。有些老師都認為現在過得這麼舒服，為什麼要改變？你跟他講：「因為你是一個了不

起的人！你的能力不止於這樣！我有看到你的潛力，你可以的！我們來組一個 team，不必太累，我去找經費。然後我們來試試看，你就去參加比賽，有獎金你就出去吃喝。」要建立共同的願景。如果你跟那些老師講說：「你就是老師呀！這是你的責任，怎麼可以這樣食古不化呢？」老師哪會理你？所以要跟他變成一個 teammate，變成一個團隊，否則的話，大家為什麼要繼續做呢？團隊學習是非常重要的。成功的學校通常會有幾個不錯的團隊，而這些團隊往往會幫助這個學校做出很多特色的東西。

二、單環路學習

接下來再來看一下，現在常常會談到所謂的「單環路學習」，就是我們組織內部設計一個診斷、偵測，然後針對組織行動的方法去偵測它。我相信各位教授也都在南投縣去評鑑過學校。我常常就問校長說：「請問校長，我們給你們的評鑑報告，請問你自己有看過嗎？」他們都說有看過。我說：「你們的老師有看過嗎？」他說：「給老師看幹什麼？評鑑都已經結束了，老師對這一點興趣都沒有！」這就是單環路的學習。譬如說你今天要追一個女人，結果那女人到最後離你而去，你就說那個女人不好，還好我沒有跟她在一起，這就是單環路學習。因為你沒有學習呀！

你跟她之間要好好的作一個 review，到底發生了一個什麼狀況？當時交往心態是什麼？行為是什麼？這就是所謂雙環路的學習，就是進一步去檢視組織的規範、目標跟可能存在的錯誤的假設，並且一一校正。舉一個最簡單的例子，像我評鑑一些學校，我都請各科教學委員會的召集人來。我說：「你們這個學

校，好像學生的學習最後的表現不是很好。」他就說：「對呀！我們校長本身根本也不管，然後我們也沒有資源，我們什麼都沒有。」我就跟那個老師講：「我們今天來進行的是學校評鑑，不是進行校長評鑑。你也是被評鑑的其中一員。」他說：「那個不是應該校長負責的嗎？我們老師負什麼責任呀？」我說：「剛剛那個家長說你們教得很爛。」他說：「胡扯！那些白癡學生、白癡小孩，我叫他回去寫，他也不寫呀！我叫他回去讀也不讀！那些家長憑什麼說我們？」這就永遠在你原來的脈絡中出不來。因為這些老師，尤其在偏遠地區學校的老師，已經認為學生很爛是應該的。他們去考國中的會考，那麼多 C，我們已經很多年了，無所謂。我就跟他說：「這中間總有少數的吧？總有少數可造之材呀！你可以至少對這個少數的可造之材。你們做了些什麼呢？我看你們什麼都沒有做嘛！因為你們永遠都在這個框框裡面在打轉。」這就是說你的組織規範、目標，還有錯誤的假設。你的假設就認為這些小孩是笨的，就是沒有希望的。因為你就一直這樣假設，所以你的行為就會凸顯出來。但不是每個孩子都不行的，學校要稍微針對這個減 C 的計畫，要做一些轉化。

　　我記得貴縣的林縣長要會考 C 最多的校長去見他是不是？也創造一個很大的新聞。我相信林縣長可能希望能夠做一點點的改變。我還有聽到一個更荒謬的說法，就是說：「今天我減 C 了，其他的學校不就變得最爛的嗎？我們為什麼要把我們的痛苦建築在別人的身上呢？」你聽到沒有？這種言論真的很可怕，你不覺得嗎？他就認為他是沒有希望的。

　　我就跟他說：「你這個學校除了 C 比較多之外，學生我覺得是聰明的呀！你的特色課程到底是在什麼地方呢？你能告訴我，你的特色課程在哪裡嗎？」不是說我今天有原住民就要編

織，這就是特色課程，不是喔！特色課程是你要有特殊的課程的設計、教學目標。如果你今天這個編織跟他們部落的編織是完全一樣的，請問這哪叫特色呀？沒有嘛！你不覺得嗎？不是說你教編織就是特色。不是的！你要針對這件事情進行課程的設計，當然最主要的是你的目標是什麼。你希望他在編織過程中，除了會一點編織，但是最終的課程目標是什麼？你要告訴我們，這樣才能夠知道說有沒有達成。

因此我們需要有雙環路的學習，作一些再學習的動作。其實我們人生也是一樣。我常常跟很多人講說，每個人的人生千萬不要畫地自限。很多人就說：「我就是差，我就是笨呀！」誰說的？我們在我們的這個限度之內，可以設立其他的目標。譬如說人家說爬玉山，三千多公尺對不對？沒關係，我爬三百多公尺就可以了。我為什麼要爬三千多公尺？如果三十幾公尺也可以。我剛開始去爬三十幾公尺，我們政大只有三十幾公尺，爬上去就三十幾公尺。你如果真的身體很差，那你說為什麼我一定要先爬三千多公尺呢？

所以我覺得這一些，尤其在學校這裡面，一定要有思維的改變。還記得 Steve Jobs 嗎？Steve Jobs 他就不喜歡 delete 那個鍵，所以他所設計的電腦裡面，就沒有 delete 這個鍵，因為他很不喜歡。而且他很不喜歡按鍵，所以呢，他要 touch，有沒有？所以 iPhone 為什麼會這麼厲害？一個很重要的原因就是他要 touch。我們以前的手機如果沒有按的話，感覺好像不過癮。所以，你的觀念是要有所改變的，否則會非常的辛苦。

參、學校創新經營

　　再來是「學校創新經營」的內容，譬如說觀念的創新、技術的創新、產品的創新、服務的創新、流程的創新。我就舉很簡單的例子，譬如說開會。我在開業務會議的時候就說，現在要來試試開會先講結論，大家再發表意見，不要你講一句、我講一句。當然各種開會的方法有很多，還有一種方法是站著開會，大家受不了，速度就快。還有譬如說活動的創新，我常常說如果我們今天要做一個小迎新，你看現在各個學校不是花費很多心思。小朋友一定要過七關、八關，問的問題都是學校的地點，譬如說我們的這個體育館在哪裡？是在哪個方位。小朋友剛進來，有些比較搞不清楚狀況，你們會看到有很多各式各樣的創新，還有環境的創新、特色的創新等等。如果有機會的話，可以看看教育部特色學校的計畫，因為每一個學校都可以提他的特色計畫，做一些其中的改進，這個就是行政創新的管理。

　　還有創新的課程、創新的管理，要怎麼樣去做一些課程的創意？還有外部關係的創新？譬如說今天要辦一個家長會，或要辦一個校慶，要怎麼樣來做一些處理？是非常有趣的。我有一個學生在臺北市的私立高職做校長。有一次我去，我說：「我剛剛從你們外面走進來，就先問你們附近商店的老闆說：『這個學校怎麼樣呀？』那老闆說：『這個學校爛透了！』我說：『你怎麼會這樣講呢？』他說『這學校學生一出來就叼一根菸。』」我就跟我那個校長學生說：「你怎麼沒有制止他們？」他說：「因為他已經出校門了，我當然會叫教官去管，但他們就說已經出校門了。」我說：「至少要叫教官不斷的在那邊巡。至少要離開一百公尺以外，你要到一百公尺以外去抽菸呀！至少這些商家比較沒

有看到。否則的話，你的名聲都沒有了。」

這是因為我們在臺北市有些私立的高職真的活得很辛苦，因為他們的學生量也很少，但是你至少要讓別人感覺到，我這個學生出去了一百公尺、兩百公尺以外，他是規規矩矩出去的。你沒有這樣子的話，這附近的人怎麼可能會來讀你這間學校呢？你最能吸收的就是附近的這些人，他們都不來了，請問誰會來？這些問題還蠻麻煩的。所以大家要看看這些所謂的外部關係的創新，還有學生活動的創新。

像我去苗栗，有一個學校特色就是舞龍，旁邊的學校就舞獅。為什麼？你舞龍，我就舞獅。很重要的一點是利用當地的資源，你靠山就談山，你臨海就談海。像你們南投很難談到海洋教育，可是你看在東北角的那些小學，有一所小學的畢業典禮是，要從這邊浮潛到對岸去，才能拿到畢業證書，這就是個特色！這一定做得到，因為那些小朋友的爸爸，大部分都是浮潛教練，所以他們就可以做到這件事情，你就可以做一些利用來做創新。

學校創新其實是很辛苦的。我們常常聽到就是這些問題，譬如說：「這是行不通的。」或者說：「那不是我們的問題，那是你校長的問題。你要出去比賽，那是你校長的問題。」還有就是說：「你想太多了啦！不要想太多，好好回去睡覺。好好過一天。」、「我們沒那個能力啦！怎麼可能呢？我們學校這麼小、老師這麼少，我們哪有這個能力？家長不會接受的！你要做這個，家長一定會說：『啊！為什麼要這樣做？為什麼要改變？』等等，老師不會同意的。」還有說什麼：「還不到時候，還沒有那個時間。就沒那個時間。我們哪有那個時間去做呀！」

所以告訴大家一點小小的訣竅。我們應該怎麼樣開始做學校的創新？第一個就是先從最醒目或最迫切的問題中發動創新。

譬如說剛剛講的教室改建。你看老師找 IKEA 來，把教室弄成這樣，有哪個老師會反對？不會吧？廁所整治也很重要。小學裡面，你只要做廁所，小朋友們一定很喜歡。懂了吧？像我就建議那位去當校長的學生：「你要做，一定先做廁所。」為什麼要做廁所呢？因為大家都要上廁所，誰都逃不了那個地方。

所以我有一個學生做校長以後就整治廁所。他的學校廁所進去就是有一面牆，然後才轉進去。他就在牆上放一個籃球架，每個男生不管三七二十一都要來跳跳看有沒有辦法灌籃，還蠻有意思的。進去以後就是一些 NBA 的畫像，反正你要塗，就塗 NBA 的圖案，對不對？你會發現塗了這些以後很明亮。女生就用海洋的藍色、粉紅色。學生反而會很珍惜廁所，打掃非常勤勞。

如果你要做一點小創新，還有一個地方也很重要，就是教師休息室。我們來看看老師的需求是什麼？用一點方法，把它變得比較潮流一點。如果是凹凸不平，我們鋪一個地板，幫老師裝冷氣。你就會發現老師會很願意待在裡面，因為他本來在裡面不舒服，又沒有冷氣，只能吹電扇。你幫他裝個冷氣，這麼熱的天氣，老師當然就會躲在裡面。你說電費怎麼辦？不過就一、兩間，實在不行就再跟家長會商量一下，或者去募款，都可以的。你把老師伺候好了，他就會對學生比較好。否則的話，你看有些學校的教師休息室也很可怕，偏遠地區的宿舍更可怕。如果有去看過那些老師的洗浴間，我覺得對一些女性老師來講，實在是非常的不好。所以我常常講很多東西是校長本身可以改造創新，最醒目的地方，而且也不用花太多的錢。

第二，必須要系統化並且搭配管理，要隨時的回饋改進。譬如說我今天做這件事情，一定要問老師，大家有什麼意見？要怎麼實施它？現在把它變成一個案子、方案，在我們學校試試看，

要不斷的做一些管理。很多人就說：「我今天做了一些改變，就是創新啦，大家有看到我有創新就好了。」可是曾幾何時，廁所如果沒有好好維護，那個廁所就毀掉了。所以我們要開始進行道德的教育。如果跟學生說，要是我們的廁所都變得香香的，以我們的廁所為榮。我們的朋友來了，要帶朋友到廁所去看說：「你看，學校的廁所多好！」要有這樣子的課程去搭配，這樣子才會成功，因此還要進一步做管理。

第三，發展學校的創新團隊。注意教師負擔過重，避免與之為敵，這點很重要。請記住這幾個奇妙的數字：就是 80、10 跟 10。這是什麼意思呢？就是有 10% 的人，你做任何一件事情，他都恨之你入骨，連你喝水的樣子都討厭。這些人完全不必理睬。其他 80%，無所謂，就是載浮載沉。還有 10%，他們很願意為這個學校付出。他們有熱情，請珍惜這 10% 的人，他們才是我們真正的創新團隊。

所以一個學校要創新，不是要全校全部都動起來。剛開始的時候，就是少數的人，有願意做的人開始動。做完以後變成一個方案，才能夠慢慢實施。而不是一開始，校長跟所有老師講說：「我們都要動起來！你們都要改變！我要到你們教室去看！」老師便很生氣，他一定會覺得說，「你幹嘛來煩我？這個又不一定會成功？」所以我們要做出點東西來說：「我們這幾位英語老師做了這，很好！我們出去還得獎喔！然後還要頒獎，還有獎金。我們是不是所有英語科老師，都一起來試試？」

所以我們在做創新的時候，並不是要所有人全部都拖下水。你拖下水的結果，一定死得很慘，所以找尋你的創新團隊是非常重要的。而且不要忘記，一定要什麼？提供適度的誘因。當可以申請一些經費的時候，把這些錢全部用在這些少數的老師身

上。跟他說：「你需要什麼？你需要教具、教材，或者甚至聘請一些工讀生來幫忙，都可以。因為你是做事的人，我把資源都給你。」我幹嘛要把這資源給其他的老師呢？所以一定要有實質的酬賞，否則你就不會持久。

你想想看，如果我們是那麼愛學校的人，可是大家都過得很快樂，大家的身體都很好，只有我的身體變差了；別人的小孩都考上明星高中，只有我的小孩掉到補習班去，誰會再繼續做下去？所以實質的誘因是非常重要的。我一再提醒校長，當你有非常有限的資源的時候，你就只能用在這些人身上。如果別人講話，你跟他講說：「你加入團隊，你就可以享受，請加入我們團隊。」那其他人就說：「算了吧！你們去就好。」其實學校現在的型態就是如此。

第四，就是措施與創新活動要並存。因為有一些老師覺得傳統的也不錯，你可以同時進行，看到底誰願意來參加。這樣子就會讓老師覺得說，我不是要全部推翻掉。其實不是的，大部分的老師還是活在現狀，學校的創新其實就是靠著一個創新的團隊去做的。希望所有老師都來參與，那是不可能的。我們只能做完之後，好好帶領他去實踐我們的創新活動。當我們做出成績來之後，就會發現那些老師慢慢不會有什麼話了。

就像苗栗的那所學校，剛開始要舞龍的時候也是一堆老師說：幹嘛要舞龍？因為學生學都學得那麼差，還要去練習舞龍。可是等到這個舞龍變成學校特色，每次有外賓來的時候，縣政府都叫他們去舞龍表演，老師就不會講什麼。它已經變成是一個特色，小朋友也會說：「我們學校的舞龍隊很棒！」就像你們以前如果唸的國小、國中就會說：「我們就是足球隊最厲害！打遍天下無敵手！應該給他們加油！」

最後放幾張圖片（省略）讓大家看一看，最明顯的就是改校門，校門怎麼處理？你既然要做一個大門，就稍微設計一下。小朋友都很喜歡這個，他們來上課的時候就覺得很可愛。像這所國小，因為剛好旁邊原來是有一個很小的水溝，所以你可以發現，教室是沿著這個水溝來蓋的。然後你可以看到，在這個地方有哪些生物，所以就把課程跟這個地形全部都合在一起。所以上自然課的時候，就會讓學生到這個地方來。學校裡面不是有一個小池塘？很多自然科的老師就會在那邊養些生物，小朋友就跑去看。

　　像這個國小是一個非常老的學校，光這些建築就類似幾千年以前的建築。它就很簡單，沒有動太多。這個步道凸一點點，有這個海色的磚。然後把這個旁邊的樹做簡單的規劃。這裡做一些小的磚，學生可以坐在這裡。這花不了太多錢，可是這樣看起來，學生進來會覺得很開心，有些學生就會沿著這個步道這樣進去。原來這些草地全部踩死了，你不要學生去踩那些草地，當然是弄點這種東西。有些比較好的還用跳的，像跳格子那樣，跳來跳去！這就是一個國小學生他們喜歡的。因為這個學校太舊了，很難有大的變化，但是花點心思，會發現做得也還不錯。

　　這是臺北市很特別的一個學校。旁邊就是一個小的樹叢在這個地方，就更具有生態性。當時在建的過程中，一定要隨時去清理，而不是讓它隨便就在那邊長的，要常常清理的，才能夠維持這個樣子。然後小朋友就在這裡可以學習很多的植物等等的。

　　我今天的演講就到此結束，因為時間占用太多。不曉得各位有什麼問題沒有？謝謝大家！

—— 對話 ——

同學

　　謝謝秦老師來這邊爲大家演講。因爲秦老師在政大教育系當過系主任、所長，然後又是創院的院長，有很多實務的經驗。如果以今天的主題，講職場創新，老師在政大教育系及學院的經驗是什麼？有哪一些創新的作法？

秦夢群教授

　　政大教育學院加起來才二十幾位老師，比臺師大一個教育系都不如。所以當時我在建這個教育學院的時候，什麼是特色？你談到政大是什麼？它是頂尖大學，因此我們對於老師的研究要求就非常的高。你現在要進政大，沒有 SSCI，就是連第一階段都不會過。還有就是因爲我們的老師太少，所以我們對於一些領域不會去進行太大的研究，像教育哲學。因爲缺乏師資，我們就讓臺師大去發揮就好。政大的教育專長就是教育行政，所以你會發現我們教育行政的訓練是最強、最足的。

　　我們在教育碩士班學生的時候，他們都被我整得很慘。因爲每一次我們光是討論實務問題，我就是逼問他們。所以他們要事先上網，我們有一個網站，我每次都有一個主題在上面，然後很多文章。他們就要去看，下面要寫練習。我會出題，當練習高普考寫，然後當場看。每個同學要講，你爲什麼要這樣寫，所以對他們來講，壓力很大。

同學

　　我覺得實驗教育本身也包含很多創新的要素，不曉得老師對

於實驗學校實驗教育的觀察，那些實驗教育學校有哪一些特質，讓他們能夠在這個創新的路上，能夠順利的把實驗學校開設出來，能夠繼續的往下走？

秦夢群教授

它們最大的特點，其實就是有它們既定的教育哲學理念。有的實驗學校是走菁英中的菁英；有的是走那種食農教育，叫小孩跑到稻田去。每個都有它特殊的教育哲學理念，而且它們說得非常清楚。從以前什麼「毛毛蟲」呀、「種籽」呀，然後我們所看到的森林小學，一直到現在所發展出來的各式各樣的所謂的實驗教育。實驗教育有非常多種，有非學校型態的，非學校型態中，有包括所謂「在家自學」（home schooling），其又包括個人、團體、機構，性質都不一樣。

每個人是不一樣的，所以基本上來講，一定要非常清楚你的教育哲學與理念是什麼，才能去設計那個課程。華德福就是這樣，他就是不願意小孩子很小的時候就接觸到 3C 產品。為什麼？因為他覺得對孩子有害。他要孩子用手，去接觸實物的東西。所以華德福的老師非常的累，他們也發生了很多在師資上的問題。因為華德福的老師是所謂的單元式的、主題式的，我們叫 thematic 這種東西。很累！譬如說端午節要到了，他們要教小孩子包粽子，他們要教小孩子用荷包、香包，他們要做到這些事情。所以那些老師不見得是有教師證的老師，但是願意去配合那種教育理念，所以可以做華德福的老師。

反而是我們這些取得了教師證，經過了千辛萬苦去考那些很可怕的選擇題，然後完了再去試教、口試，當你考上之後，你反而不願意去做那些東西。因為你心中的教育哲學理念跟他的不一

樣。他覺得學生學業上差一點也許無所謂，因為我們現在所有的這種標準測驗（standard test），都是針對一些有學術性向的孩子所設計。華德福他們有自己的一套評量系統，但我們平常在學校是不會使用的。

所以在很多情況中，你也可以說實驗學校的學生，他們未來不能進入社會的主流。因為實驗的孩子們，叫他們到一般的高中就很難唸，所以他們就唸了完全高中。甚至於未來的高等教育，可能要在所謂的特殊選才這方面，我知道有一些學校已經有一些名額給他們。他是不同的教育的理念上來，就像一個家長，我剛剛講的那個學校，就是說你讓你的孩子去燒飯，用那麼多時間去燒飯，那家長要能夠接受這個才行。所以他去唸那個學校，基本上是家長有同意的。這是第一個特點。

第二個特點是什麼？家長要付出非常多的時間跟精力，所以如果你自己不願意付出，請不要唸實驗學校。實驗學校動不動就叫家長去，因為他覺得受教育重要的是家長而不是小孩。把家長搞定了，小孩就搞定了。所以今天看到實驗教育這兩點，是非常重要的。當然它五花八門，有各式各樣的東西，我覺得你們可以看一看覺得是怎麼樣的情況。但是有一個是永遠不會改變的，就是時代的浪潮在往前面走。教育將來一定會去中心化、去主流化，所以未來的實驗教育可能就必須變成主流，但它是主流中的多元。因為都不一樣，所以沒辦法稱霸，但是可能未來實驗教育就變成是我們多數人選擇的一種學校的型態。

所以我剛才在講的伊利奇，現在伊利奇的理想可能可以實現了。網路教學等等，你還記得嗎？對不對？當時你看大家都批評他說：「沒有學校，知識從哪裡來？」還記得嗎？我記得當時我唸《非學校化社會》那本書的時候，我就說這是一些創新的想

法。其實你有沒有發現最早的實驗教育就是那些私人的，他們也只有一、二十個孩子。他們就認為教育不是這樣子辦，我們要這樣子辦，你們家長同不同意？你要不要跟隨著我去走這條路？

我們每一年都想說，我們來年要做一些什麼新鮮的東西呢？我們總是每一年要做一點東西。我也鼓勵各位同學，你今年每次都說我要心想事成，你什麼事都沒做，你怎麼心想事成？心想事成個鬼？真的是。對不對？那你今年說我要多做點什麼？例如我要去跑跑步、我要鍛鍊八塊肌、我要減肥，這都是創新。每個人都要創新，不創新是不行的。

最後我要謝謝教育學院給我這個機會，二十多年以前，1990年代，我來到這邊的時候，看到是荒蕪的山林。現在因為各位老師的努力，你們卓然有成。也許你們可能是比較邊陲的，但是我覺得你們只要往前走，想一些新的主意，我覺得你們一樣會實踐教育的理想。人生是很快的，所以我希望大家在教育的這條路上，能夠彼此共勉努力。在此獻上祝福。

我下個禮拜要去中正演講。當年中正在建設的時候我也去，當時的黃光雄院長要請我去演講，我始終都沒有機會。黃院長今年年初走了。為了他，我一定要把這個當時對他的允諾一定要完成。歲月這麼快，沒有關係，I am still here，我還在這裡。所以我們要有這樣子的一個心情，不管到最後這世界要毀滅了，一定要告訴自己說：I am still here。這個是最重要的，因為只有自我的獨特性，你的主體性才是能夠促使你創新經營的一個最大的泉源。不要告訴自己，我的一生就這樣！我已經這麼老了，我也沒什麼朋友，沒什麼希望。不要這樣子想。我明天去吃一個我喜歡的，以前沒吃過的，就是一種創新。下個月我就去一個我沒去過的地方，也是一種創新。我覺得要對自己自勉。當然做學校的老

師、學校的校長，這個更重要，因爲那些孩子都在你的手中。讓我們一起努力吧！謝謝大家，謝謝！

楊洲松院長

非常謝謝秦老師，最後聽到的那幾句話其實蠻心有所感的。我們看到秦老師每天都不斷的在創新，最後給我們的激勵也非常的正向，讓我們對於教育有更多的熱情。雖然我們在比較邊陲地帶，但其實現在由於科技的進步，我們也不要認爲說自己就是很偏鄉。因爲在網路的世界中，就像老師剛剛提到的，那是完全去中心化的，完全就是你在電腦的前面就是這個世界的中心，所以我想這都是可以給我們很多創新的想法。在座未來應該有一些同學會去從事公務人員的工作，我相信在座應該也有一些同學未來可能會是我們學校的主任、校長、教授等等。希望在未來，大家在你的職涯過程中，都能夠隨時想起我們今天的這場演講。時時保有創新的心情，我想你的職涯發展會非常的成功的。

最後再以最熱烈的掌聲謝謝我們秦夢群教授。

3

臺灣學校建築的歷史面向

湯志民教授
臺北市政府教育局局長長

講演時間：2021 年 10 日 28 日
講演地點：國立臺灣師範大學教育系所綜合教室

壹、前言

　　大家好，因為上次周院長跟方主任熱情邀請，所以我今天試著來報告「臺灣學校建築的歷史面向」，我大概整理了一百七十張照片[1]，將臺灣學校歷史建築的發展脈絡，從三個歷史時期：「清朝時期」、「日據時代」及「光復以後」來說明。第三個「光復以後」的時期，是臺灣學校建築發展最多、最複雜、也是發展最快的一段時間，尤其以最近四十年變化最大，21 世紀以後又更為快速。

　　《臺灣的學校建築》這本專書是我在 2002 年的時候所寫的，探討臺灣建築的發展脈絡。我在封面引用高燦榮先生講的一

---

[1]　限於本書的篇幅，本篇只能精選十餘張照片，餘從略。

句話：「臺灣的學校建築是什麼觀念，我簡單講就是不中不日不西，又中又日又西。」為什麼用這句話當我這本書的引言呢？因為我當時在讀的時候，還沒辦法真正體驗到它是一種後現代的觀念，直到擔任政大教育學院院長的時候，周院長寫後現代教育史、我寫後現代的校園建築發現，臺灣充滿後現代建築物，到處林立，讓我非常驚訝。這個制度發展還是有一個歷史脈絡，我今天就暫時不解釋什麼叫後現代。多元並存方面，你會看到什麼建築物都有，有日式建築、西洋建築，也有臺灣的建築，各種都有。

貳、明鄭清朝時期的書院建築

1661 年鄭成功到臺灣，後來鄭成功過世，鄭經繼位，大臣陳永華建議應該要蓋學校，當時所蓋的第一所學校，就是 1661 年蓋的臺南孔子廟（圖 3-1）。臺南孔子廟（孔廟）建築物上的屋脊有「馬背」及「燕尾」的樣式，是閩南建築的一種基本造型，馬背有五個型，包括：金、木、水、火、土，圖示中的是金型馬背；水型的話就像一個波浪，就是馬背馬鞍上那個地方，如果有三坨的，像浪花一樣就叫水型馬背；如果是上來以後，上面是平平的，凸是這樣平的話、或是一個凸字型的話，那個就是土型馬背；木字型上去的時候比較直、比較高，這樣滑下來，它跟這個比較平的過來不太一樣；火型的話就比較像火在燒的感覺。

「燕尾」在古代來講，家人當到署長以上的官位，房子才有燕尾，燕尾越高、越大、越神氣，代表這戶人家越厲害。我們會發現廟裡面的燕尾最高，其實這有一個隱喻，以西洋談哥德式建築，就是高聳，他們希望跟天、跟上帝能夠接觸，有這種觀念。

我們華人比較溫文儒雅，我們也想擁抱天，燕尾就有一點這樣的味道，像人張開雙臂，也想要擁抱天，想跟天、神去接觸。不過你有沒有想過，燕尾尖尖的，要如何讓兩邊是齊平的？你很難去想像。它是有方法的，我們的工藝工匠很厲害，它用水管去量，水管的水是齊平的，拉起來，兩邊一樣，切一下就可以了，很簡單。所以我們其實有很多工藝是滿厲害的。

建築通風口的窗柱通常都是奇數，奇數代表陽、凹的部分代表陰，所以窗柱一定是用奇數；通風口大部分都很小，它的涵義是守住人氣，所以窗口不會做的很大。再來，古代培養帝王是在「辟雍」，它的泮池是圍成一個圓的狀態，一般諸侯國的比較小，會在南面上做泮池，所以人通常會繞著泮池進來，有時候進來的人為了祭祀，會把裡面種的草插在頭上，叫做「采芹」，代表有文采的意思，插上後再進到廟宇裡面祭祀。為什麼談到這裡呢？因為孔廟是一種「學宮制」，以前古代學校有廟跟學，孔廟是最經典的，「右廟左學」，左學是「明倫堂」、右廟是「孔子廟」。

再進來是「禮門」、「義路」和「大成殿」。階梯分成三種，平民有一階、官署有三階、帝王有九階，奇數代表陽、陽代表吉利，以九為大，所以臺階都是用九來算，天壇就是三個九階。另外，我們談「九脊殿」，是歇山頂式的，一般看到的五脊殿少一層，往下拉多一層就變成九脊，即九個屋脊。五脊殿是屬於中正平和，看起來沒那麼華麗，九脊殿是屬於帝王住的地方，尋常人家沒有經過帝王同意，是不可以做九脊的。孔子曾經被封過王，在文人裡面算是有地位的諸侯等級，所以孔廟蓋的是九脊殿。如果是雙層的九脊殿，底下會再加一層，一般看到的九脊殿只有這一層而已。

　　大成殿的旁邊有一個「明倫堂」，也就是學校。明倫堂走出來以後，會有一個左青龍右白虎，門口如果要避邪會刻獅子，所以你會看到門口刻獅子，不會看到老虎。獅子有分公的、母的，有孩子的是母的，有彩球的是公的，擺放的位置，從建築物為主體來看，公獅擺左邊，母獅擺右邊，位置不能擺錯。

參、日據時期的學校建築

　　日據時代有「書房」、「義學」，還有「書院」，以書院算最多。「書房」，是以前日據時代的私塾。讀書在過去臺灣幾乎不太有由公家培養的制度，所以以前的學校都是私塾辦得比較多，雖然有書院，但是去的讀書人也不太多，而且是混合各種年齡層的狀態。所以你會看到書房裡面讀書的小孩子很認真，孔子、文昌帝君就坐在他旁邊看他，真的很認真，但其實學習的環境比我們現在差很多。書院有一進、二進、三進，「進」的概念就是以有門檻讓你抬腳一次算一進，這樣我們就會算幾進了。

　　從鹿港文開書院的平面圖中，可以看到裡面有院長的宿舍和講堂等，講堂就是講學的地方，和剛才提到的「明倫堂」一樣，也算是一個學校。另外，書院還有一些基本的配置，如：祭祀的空間、廂房（學生的宿舍），後面還有一些廚房等。以前讀書的人不是很多，但學校慢慢越來越多，剛才提到的書院，在臺灣包含金門大概有六十個書院，現在遺留下來的不到十個；學校的部分，大概只剩在南投永昌國小的「明新書院」，和在板橋大觀幼兒園旁邊的「大觀書社」，有些小朋友來上課的時候會先跟孔子行禮再去上課，「大觀書社」是以前漳州人跟泉州人打架，所以他們就設學校，希望讓當地人受教化，所以才有大觀書社的成

立。

　　「學海書院」（圖 3-2）是我們以前臺北的最高學府，位於華江橋下，現在已經變成高氏宗祠，不是學校了。這張照片是我自己拍的，可以看到它也是有龍虎，並且窗口柱為奇數；另外前面比較高、後面比較低，也有進財和守財的觀念。

　　「登瀛書院」雖然不在學校裡面，但可以看到「馬背」、「燕尾」的造型，還有「惜字亭」。惜字亭是古代的人對於「字」的重視，認為它不是垃圾，不能夠揉起來丟在地上，而是值得尊敬的東西，所以要用惜字亭將字燒掉。不過現在為了保護真跡，用一個鐵的在旁邊燒，所以變成有兩個，雖然看起來怪怪的，但它其實是有文化意義的。

　　古蹟中，第一級是臺南孔廟，後來孔廟與忠義國小共構，採用完全開放的模式，把圍牆全部拆掉，所以它的運動場是學校的，但可以公用，我們到臺南孔廟去看會像公園，到忠義國小看，是一個開放式的校園。現在的臺南孔廟只有把大成殿的部分封起來，進去裡面才要付費，外圍不用付費。另外，現在我們基本上認定的都是「市定古蹟」，以前我們稱的「第三級古蹟」，現在都由縣市政府來認定。

　　建於 1882 年的「牛津學堂」，是由馬偕教會的人蓋的，現址是真理大學的校史館，是我查到學層最高的第二級古蹟。當時建造時考量教會要蓋一棟西洋建築物，可能當地民眾會有意見，所以最後蓋了三合院的形式，希望呈現與人親和、是一家人的感覺，比較能獲得當地人的接納，辦學校也比較能取得當地的認可。

　　清朝以前，學校少、書院多。臺南孔廟比較像是一個行政機關，不太像學校，基本上他們是科考而不是教育性質。教育活動

基本上還是依靠書院或書房等，私人的地方負責。1895 年日本人經營教育的部分，最有名的是「芝山巖學堂」，是臺灣真正最早的第一所學校，「芝山巖學堂」，現在叫做「惠濟宮」，是第三級古蹟，惠濟宮現在還在，沿著臺北市立聯合醫院陽明院區，走 120 個臺階就可以走到這裡。

剛開始，芝山巖學堂的學生人數不是很多，之後陸續設立很多學校，像「八芝蘭公學校」──現在的「士林國小」，從小學到中學，然後再到臺北市立教育大學、國立臺北教育大學、臺北帝國大學，包括臺師大。臺灣的第一個小學是「士林國小」，早期是八芝蘭公學校，他們早期校舍，現在只剩下一棟，現在是圖書館，以前是小禮堂，日本校友回來的時候，記得圖書館有一個講臺，會在那邊掉眼淚，另外士林國小也把公學校的校名放在進去禮堂的綠廊前。早期該棟建築沒有被認定為市定古蹟，是之前大家覺得建築物的屋頂有被改掉、不是原始的樣貌，但後來才發現這棟建築物其實是很有歷史價值的，所以最後還是把它認定為市定古蹟，這是第一所小學的建築物，也是士林國小校史的一部分，非常重要。

其實學校就是一種教育的觀念，首先介紹幾個山上的學校，例如：角板山有以前的「番童教育所」，它的教育制度有兩套不同的系統，一種是警政單位辦的學校，所以看到有警察在當老師。角板山的校舍建築很宏大，日本建築最厲害的是沒有用鋼筋水泥，只有紅磚，但非常堅固；像是糯米橋，就是用磚跟糯米就可以造一座橋運送甘蔗等物品，我曾經到現場欣賞斷橋，工做得非常好，有位好友建築師跟我講說他退休以後想買間房子在那邊畫畫，因為那裡非常壯觀。過去我們看到日本建築，早期要把它拆掉蓋其他建築，但會發現每次要拆除的時候，就很難敲、敲不

倒。

　　臺灣早期蓋的建築物沒那麼穩固，但現在新蓋的學校使用鋼筋、水泥，以 RC 的耐用年限是五十五年，但因爲耐震係數高，大概可以撐到八十年以上。日據時期房子的特徵是特別高，一般我們房子的標準高度是三米五、淨高不低於三米，因此燈一般會吊在兩米五左右的高度，不能太高也不能太低，太低的話，頭跟手會碰到，太高的話，光度會減少很多，有效能的問題，所以設計必須要有一個固定的高度；但日據時代的高度可能會到四米九，比一般的房子更高一些，這種高度通風很好，因此日據時期蓋的學校建築，教室會特別涼快。

　　日本當時對於臺灣許多非常偏遠地區的原住民教育很重視。現在我們在談教育的時候，有時候會認爲是偏鄉、會談到整併校，但在日據時期辦學是能辦到很偏遠的山上，像是烏來、霧社等；以高雄「多納教育所」魯凱族的學校爲例，從照片中（圖省略）可以看到有非常多學生，甚至超過書院的規模。另外，南澳山地兒童教育所的這張照片中（圖省略），有三個人坐一張課桌椅上課，很認眞，教室裡還有三位老師，這種規模可以顯示對於教育的重視。當時還有開辦啟聰教育——「臺南盲啞學校」，也就是現在的臺南啟聰學校。另外像澎湖的「馬公尋常高等小學校」，當時小學校是屬日本人唸的、公學校是臺灣人唸的，兩者是分開的。

　　「臺北帝國大學」是現在的臺大，其中 1928 年落成的文學院，現在被列爲第三級古蹟（圖 3-3）。如果我們仔細觀察臺大的很多建築物，顏色都跟文學院很像，這是臺大建造校舍的原則，以文學院的顏色當作基底，包含圖書館總館也是如此。臺大圖書館的設計很厲害，位置設計在椰林大道的末端，蓋得很氣

派，象徵通往學術殿堂的核心，學生們拍畢業照也都會選在那邊，效果很不錯，整體校園規劃很道地。

臺大規劃校園建築的時候，顏色其實也有講究，有文藝復興時期的色調，也有以前巴洛克的轉型和變形，屬折衷主義。大概是日本人當時在很多地方蓋建築，包括：車站、高中、大學，幾乎每個地方都蓋的不一樣，他們希望有更多的創作，所以就會有一些變化。文學院的特色是採用紅褐色的面磚，因爲當時有戰爭，爲避免美軍轟炸臺灣的時候能保護學校，所以把顏色做得像是泥土的顏色，後來就稱爲紅樓，包括現在的建中、臺南大學、南一中、雄中等，也有紅樓，其實就是紅磚造的建築物，紅磚造的建築物結構非常強，到現在都不會倒，可以撐上百年、非常久。

國立臺北教育大學，以前是男女分開，男生讀國北教大、女生讀臺北市立教大。1926 年蓋的禮堂，現在保存得非常完整，也還有在使用。

國立臺灣師範大學的行政大樓建於 1928 年，呈現哥德、復古式的樣態，看起來比較高聳，對比建中的紅樓，相較之下，比較花俏。現在的文薈廳、講堂，也都被列爲市定古蹟，其中禮堂是建於 1929 年。

臺灣第一所工校是臺北科大，建於 1912 年，其中的思賢樓，以前也叫做紅樓，目前作爲校史館。

臺灣第一所中學是 1885 年創校的長榮中學，它的建築物是 1916 年才遷入現址，其建築物很特殊，是基督長老教會蓋出的一個馬背造型的音樂館，外國人來到臺灣有研究閩南代表的建築，蓋學校的時候也把造型與當地的建築結合。現在臺灣很多學校，逐漸有做馬背的造型，例如宜蘭就有很多變形的馬背。這代

表當地的文化，像是客家庄附近會蓋圓樓、土樓的校舍，而宜蘭大部分都是閩南人居住的地方，所以他們就會設計有馬背造型的學校。

我在 1996 年的時候做研究，那時候有人找我寫本土教育環境，我是 1991 年拿到博士，1993 年學校建築的研究才剛起步，我花了很多時間釐清「本土」的概念，把所有鄉土、古蹟古物都翻一遍、全臺灣、所有學校都走一遍。我是從古蹟、古物的內容先找，然後再去查學校建築，最後才寫出《臺灣學校建築》專書。

北一女的光復樓蓋於 1933 年，它的校訓碑「正直、堅強、賢淑」位在綠園裡，是三十週年校慶的時候由校友捐贈出來的。以前校訓碑放在校門口前，進門的時候要跟它敬禮，後來校友回來的時候發現校訓碑居然不見了，寫信給時任校長丁亞雯，我那時候當督學，所以知道這段歷史，最後發現在警衛室旁邊的大樹底下，盤根錯節，校訓碑整個都埋在裡面，後來把樹根鋸開才拿出來。

臺灣第一所私立的女子學校，是在 1916 年成立的「淡水女學校」，位於淡江中學裡面，後來改稱純德幼稚園，從建築物上還可以隱約看到淡水女學校的名字，是最早的女學校。光復以後設的第一所女中是景美女高，則是臺灣人蓋的。

臺南一中的紅樓顏色經過整理後和建中的紅樓看起來不太一樣，當時臺南一中其實是臺南二中，現在的臺南二中才是臺南一中，原因是當時日本人設中學，分為兩軌，有日臺分校、男女分校，日本人唸一中，臺灣人唸二中，後來因為日本戰敗回去以後，學校還在，就把二中改為一中，所以我們到臺南二中時，他們會說他們原本叫做一中。

臺北則沒有留下一、二、三中的校名，是用建中、成功，僅

北一女還有留下「第一」；臺中一中是真正臺灣人的一中，當時臺灣士紳很強，跟日本申請要蓋一中，後來日本人同意以後，一中的名字被取走了，於是只好蓋二中，所以只有在臺中是例外。

臺南女中的自強樓，也是三合院的形式，有一個很大的ㄇ字型，它的建築物蓋得非常漂亮，但是太大了，當時為了拍照，要到圍牆外面去拍，所以我們看不到全貌。

臺南的忠義國小裡面有「武德殿」，以前是柔道、劍道的地方，學校把它作為禮堂使用，並且維護得很好。

新竹縣新埔國小於 1898 年創校、1901 年遷入現址，學校留有「奉安庫」，奉安庫是以前放天皇「教育敕語」的地方，相當於現在的「教育宗旨」，但是許多學校都不知道，以為只是日本人留下來的鐵櫃就丟掉，或者收起來沒有使用。當時新埔國小的校長把奉安庫整修得亮晶晶的，裡面還放學校的關防，善加利用。

以前老師要從奉安庫拿「教育敕語」的時候要戴白手套，在重要的儀典中拿出來，再朗讀出來，但日本人戰敗以後都帶走了，所以學校裡面只剩下「教育敕語」的圓筒。現在這個奉安庫就放著校長的關防和資料等物品。後來我到臺北市東門國小，他們校長室裡面有一個奉安所，一般來講叫做奉安室，就是放奉安庫的地方，如果不是百年以上的學校可能都不會有奉安室，非常珍貴，後來我把資料提供給東門國小，學校將奉安所整理成展示的地方，讓大家知道這是有紀念性的地方，了解奉安所的歷史來由，也代表了不同學校的歷史位階。

肆、光復以後的學校建築

　　光復以後的學校建築，如淡江大學、文化大學，最多的建築物就是中國古建築群，也是這兩所大學蓋最多的。淡江大學的建築有一點歇山頂的風格，並增加一些唐破風的形式，車道旁有讓人可以走動的地方。文化大學大部分是攢尖式的建築物，有點像以前天壇的樣子，屬於後現代的建築。迪士尼的商業建築也是後現代，因為是比較商業化、擬人化的，有些建築長得像褲子、火箭的造型，就是比較後現代的。另外，文化大學的大義館、大忠館，則都是中國式的建築。

　　貝聿銘先生蓋的「路思義教堂」，造型像少女祈禱的雙手，雖然我不是研究建築工程，不過這個建築物要用格子梁，因為建築物蓋得很寬、很大，但沒有梁柱的時候，中間會撐不住，需要做很多橫梁，變成一格一格的。貝聿銘能夠在那個年代蓋出這種沒有梁柱的建築物，是相當厲害的，這個可能設計師畫不出來、施工會有問題，但是這就是有名建築師厲害的地方。

　　接下來把光復以後，按照 60、70、80、90、00 到 10 年代，每十年分一期介紹。教育建築的變化很多，有些建築一邊從規劃到完工，快則兩年、慢則可能五年，每隔五年就會跨到另外一個時期，因此在時序的分類上，我大概會以當年度有法令規定、標誌性建築的出現、或是規劃時已經出現而施工稍晚的情況，做適當的調整。

一、1960年代─標準化校舍的興建

　　我將光復以後的時期分為：標準化、更新、萌芽及轉型時

期。最後兩個在 2000 年以後是比較豐富的。標準化校舍，最重
要的示例就是民國 57 年，國中第一屆的校舍建築。

1960 年代的校舍建築基本規劃是有波浪式的屋頂和標準
圖，象徵「倫理、民主與科學」和「九年國民教育」。這張圖 (圖
省略) 是原型，原來設計的時候希望有十米長、三個波浪，一個
教室有三個波浪，分別代表倫理、民主、科學，三間教室總共有
九個波浪，則代表九年國民教育；後來教室改成九米長就變成兩
個波浪。波浪本身代表使學生「成為一個活活潑潑的好學生」。
以前建築都比較平，屋頂容易熱，也沒有什麼造型，蔣中正先生
宣布要義務教育的時候，一年要完成，所以當時成大也幫忙設計
標準圖。當時將屋頂設計成三角形是預期可以隔熱，不過後來隔
熱的效果沒有原來預想得那麼好，還有滲漏水難以處理的問題，
所以後來這個造型就沒有延續下去。現在這種學校建築物還有，
如：臺東縣關山國中、卑南國中（圖 3-4），但不是那麼多。

二、1970年代學校建築的更新

1970 年代的學校建築講求「更新」，更新危險教室，亦即
海砂屋，以及因應學生快速增長而出現所謂「老背少」的結構問
題。以前我在教育局的時候去看柱子，有些可能沒有橫箍、或是
橫箍不夠多，從現在的觀點來看很危險。還有一個有趣的問題就
是梁柱裡面可不可以放沙拉油桶？早期有人說可以放，但是它
其實不可以放，裡面不可以有雜物，除非是假柱，只作為裝飾之
用，不然真的柱子裡面是不可以有沙拉油桶的。海砂屋是裡面的
氯離子太多，水泥會常常掉下來，有黏不住的狀態，現在海砂屋
大部分都拆掉了，只要發現是海砂屋，教育單位通常第一時間就
會拆除。

三、1980年代—新學校建築的萌芽

1980年代勉強稱為萌芽時期，主要是因為宜蘭在1980年代就開始做規劃，但實際上大部分的建築都在1990年代才蓋出來。宜蘭，是我認為首先在學校建築創新具有貢獻的縣市，它們蓋出來的學校建築與一般的學校建築不一樣，建築師很用心在設計學校建築，特別是「無圍牆學校」的概念。

宜蘭大部分的學校都沒有圍牆，像東澳國小、過嶺國小，就是沒有圍牆的學校，很乾淨、很漂亮，沒有校門、沒有圍牆。在宜蘭，圍牆是基本上能不做就不做，也因此宜蘭的建築物在蓋的時候，連跑道也調整成直的。所以後來我幫教育部修標準的時候，也建議跑道不要寫四百公尺，因為面積沒那麼大，改成兩百公尺就夠用，事實上四百公尺不是標準的賽道，是沒有辦法做競賽用的。

教學用和競賽用的建築有什麼差異？舉世大運為例，在臺北一般學校的體育館，最貴約二到三億元，但是和平實小籃球館的場地作為世大運競賽的練習場，造價就要高達二十億元，是比賽級的差別。因此，一般教學用、開放給社區共同使用的跑道，基本上是教學用跑道。宜蘭當時就開始做直道的跑道，只做一百公尺，其他的部分做成草皮，這樣的好處是不會受到跑道的限制，有了草皮，也可以思考是否蓋成球場或其他用途，建築布局的概念也開始不一樣。

我有一次去大同鄉拍寒溪國小，路程很久，但最後我沒有拍照，為什麼？因為我發現是複製的樣式，後來宜蘭縣教育處發現這個問題以後，就要求宜蘭的學校通通要不一樣，讓每個學校都有特色，教育處做了規劃的管控，才讓宜蘭校舍建築的風貌有很

大的轉變。

宜蘭縣冬山國小（圖3-5）的規模，雖然只有二十一班以內，不過造價約二億多，是當時蓋得最貴的學校，以簡單化的馬背做造型，並融入冬山河的意象，到現在來看都還是不錯的。我們可以把宜蘭的學校視為典範，當時整個縣蓋的學校都蓋得非常棒。

宜蘭縣的蓬萊國小，在進門的地方做了可以遮雨的廊道。我拍這麼多學校的照片，都是需要花幾十年的功夫才能拍到幾張，因為不是每天都剛好藍天白雲，若遇到下雨或是逆光就沒辦法拍，所以我每次去都會重拍、更新，有時候看這些照片都很有感觸，都是心路歷程、滄桑歲月。每年過年的時候，我會環島去研究、拍攝學校，一年才經過一次，天氣好不好也不是自己能決定的。在拍蓬萊國小的時候，我跟工友聊天，他很感動就開門讓我到二樓角度比較好的地方去拍照。

四、1990年代學校建築的轉型

1990年代以後，學校建築的樣式更為多樣，1986年就立法的無障礙環境，但到1992年臺北市教育局才首先推動，花費一億元的經費在各級學校施作，連續做到現在已經二十、三十年，也還沒有完全完成，還有許多需更新處理的部分。當時原本法令規定五年內如果學校沒有無障礙設施的話要取消使用執照，但後來又修法改回來，並沒那麼容易。1992年我在臺北市當科長的時候，我是第一個做的，非常的努力，所以那時候臺北市的無障礙環境是遠遠領先其他縣市的。

另外這個時期還有開放空間、班群空間的設計出現。這兩者並不一樣，「開放空間」，是指有更多可以運用的地方，因為早

期走廊並沒有太多可以運用的地方，現在就會設計一些角落，概念上比較廣，包含教室內部和外部空間的變化；而班群空間，則是指有兩、三間教室在一起做協同教學模式。

另外「學科教室」的概念也在當時被運用，臺北市第一個做跑班制度的學校是麗山高中，該校於 2000 年完工，但是前面規劃了好幾年，所以我把它定位在 1990 年代，政大附中是後來才有的跑班學校。

無障礙環境的改善主要是在廁所及電梯，如市立大學附小的建築物，兩層有很大的高低落差，因此還特別設計一個坡道讓使用者可以轉上來，非常厲害。現在有些學校會用上樓輔助的設施，審查委員去的時候會要求現場有人上去操作一次，操作起來還算方便、平穩。而電梯則是垂直動線移動的主要方法，學校通常會優先做這個部分。

另外走廊是橫向的連結，讓建築與建築之間有可及性。「可及性」是無障礙的主要概念，包含三個部分：「可到達、可進入、可使用」。現在我們在路上可以看到提供給盲人使用的導盲磚，在學校裡主要是給在校內的師生、職員來使用，有人會問難道外面進來的盲人不能使用嗎？不是不能用，是沒辦法使用，因為他並不曉得學校的設施在哪裡，使用導盲設施前一定要先做過定向訓練，才能知道要怎麼走，因此盲人基本上是不會亂逛街的，只能走熟悉的地方。我常常跟學校講，導盲磚不要做都還有八十分，做了以後常常變成扣分的項目，因為常常做錯。例如走廊是不需要做導盲設施的，他們主要是靠著牆壁指引，導盲設施的重點是要在空曠的地方，找安全的位置做直的、橫的索引。1986 年後，學校游泳池也會有導引的入水設施，對身心障礙學生真的方便很多。

　　這個時期還有許多不是排排坐的、有很多角落的開放空間。臺北市健康國小是最早的，1996 年開始設計、1999 年完工，剛好遇到 921 地震那一年，另外 2000 年還有新生及永安國小，也有使用開放空間的設計。其他縣市如宜蘭的蘇澳南安國小、新北市的三重集美國小也有。開放空間的設計，是因應不同的教學模式，不是想要做開放空間就做開放空間，每個空間的概念，不論是什麼形式，與教學模式都有關係，如果我們把空間當成是衣服，去參加宴會的時候可能會穿得很正式、去游泳的時候會穿泳裝、去參加旅遊的話會穿休閒服，所以教學模式不同，空間模式就不會一樣。

　　開放空間在當時有一點小流行，這一波還延續到 2000 年以後，新校園運動都還有很多學校蓋開放空間。不過後來發生一些問題，因為很多鄉下學校可能只有六個班，也就是每個年級只有一班而已，如此一來，即便做了開放空間，也很難合班上課，同年級都很少合班，更何況是跨年級上課，因此拉隔板的意義度就不高。這就是新空間和教學模式完全顛倒，反而導致噪音和互相干擾的問題，沒辦法使用，衝突變得很大。因此，當對教學的目的不了解的時候，空間硬要這樣設計，就會產生扞格。不同的空間，有不同的教學模式應用，也是為什麼我們今天談校園規劃設計的時候，要了解課程教學的模式。

　　近年來，我們的教學又有很大的改變，如 E 化教學、主題課、學習中心模式、主動學習空間等，很多的觀念已經在改變，與過去傳統模式不一樣；互動發表的模式，排排坐的方式就不行，前後很難對著講話，討論也討論不起來，因此空間的設計就不會一樣，我們可以看到現在很多學校的桌椅帶有輪子可以移動、合併，能適應不同的教學模式，作為討論、整合、發表等

使用。這種發展過程有模仿日本在 1960 年代開始談學生中心的開放教育，後來日本也因為少子女化，開始研究開放空間（open space），跑班的設計也進入他們國家的標準裡面。

新生國小的一般教室，都還有一個很大的空間，但是不適用於每間學校，因為每個量體都需要經費，一間教室的量體就是一間教室的錢，要用兩間教室的大小蓋開放空間，雖然是一班使用，但是就是花費兩間教室的經費，不僅如此，教室的光線和通風也都會受到影響，太長的教室，超過十二米，風就不能穿透，因此綠建築也有規定不要超過十四米的長度，一班教室的寬度是七米五，兩間的話就會超過十四米，風無法穿透，教室變悶就需要開空調，教室裡面變暗也需要開電燈，這兩個電費，學校就受不了。開放空間的設計角落很多，但是如果學校把角落只拿來遊戲使用，就會有點可惜，如果可以作為教學使用的話比較好，特別是協同教學，如果教學沒有變化，做這種空間就是有點浪費錢。

這張圖（圖 3-6）可以看出開放空間教室隔板變動型的使用方式。教室沒有進行協同教學的時候，就回到傳統教室的使用模式；不過空間的改革，需要配合教學活動的改變，如果教室空間改革走得比老師還快，就容易還是回到傳統的使用方式，因此師培很重要，老師使用空間的模式也很重要。符合教學使用的空間就是好的空間，不符合教學使用的空間就不好。

基隆市深美國小是班群空間使用得比較好的範例，老師在裡面上課有各種形式，是偏向開放教育的模式，裡外的空間都有在使用，開放空間會用得比較好。

後來臺南市億載國小也蓋這種開放空間（圖 3-7），可以看到這邊中間沒有牆壁，這旁邊到上面都有很大的空間，成本也相

對高很多，因為做了很多空間來輔助它使用，空間越多越貴。

臺北市和平實驗國小是做兩班教室的班群空間（圖 3-8），因為他們現在推展主題課程，這種開放空間就很好用，因為它整個都是開放、到處都可以使用，是學生中心的模式，用法上就會比較簡單一點。

政大附中的跑班模式（圖 3-9），鐵櫃是放在教室外面的，我們可以觀察如果學生的置物櫃跟大學一樣是放在教室外面，就是跑班，放在教室裡面的就不是跑班。

桃園的大園國際高中（圖 3-10）也是做跑班的形式，大園國際高中跟政大附中是同一個建築師，當初蓋的時候沒問題，跑班也辦得很好，後來是因為學校辦太好增班，學校一增班以後就跑不動了，於是教室就固定，跑班就消失了，這就是不曉得教學空間是有一個對應關係的，如果失去這個連結，空間的機能就不見了，跑班機能不見了，就回到傳統教室。

臺南實驗高中也有做跑班。跑班的置物櫃（Locker）在美國，有放在走廊上，也有放在一個凹室裡面。日本研究得非常透澈，有各種形式，有把置物櫃放在教室的後面，但不是在教室內，而是室內外各有一個門可以打開、走進去，不會干擾到使用，學生可以從側門進去拿東西。跟教室是在一起，屬於班級中心的一種跑班模式，在日本比較多。

這個時期還有與古蹟共構的學校，如臺北市建成國中和當代美術館在一起（圖 3-11），建成國中最早以前是建成國小，後來改成臺北市政府，再改成建成國中；另外龍門國中（圖 3-12）裡面的龍安坡黃宅濂讓居是市定古蹟，搭配一些文化情境的部分；其他像是校史館的應用，也有學校會在走廊上呈現校史資料，或是文化藝術的布置。

2000 年開始以後，美學開始推動，包括公共藝術、新校園運動，此外，還有綠色學校、綠建築、永續校園、友善校園、公共藝術、資訊科技、耐震設計、創意校園、性別空間、空間美學、校園活化、閒置空間再利用、優質化工程、優質校園營造等。

　　新校園運動是主要在南投、臺中，當時很多學校建築在 921 地震倒了以後，教育部協助希望學校能快速重建，當時有許多人來協助，像是宜蘭的建築師也有到南投來的，也因此將很多宜蘭建築的特色展現在南投。當時很多南投的學校，先用帳篷上課，兩年以後，大家都說最美麗的校園在南投，是一個化危機為轉機的例子。當年我也協助教育部做很多新校園運動的審查，促進美學及公共藝術的推動。

　　屏東泰武國小（圖 3-13）是八八風災後蓋的新學校，學校的裝飾取自他們頭目的裝飾，這所學校建築在融入排灣族文化方面做得很好，我認為是很典型的代表學校，值得參觀了解。

　　這個時期的建築物有很多新的更新，對美學也更講究，有很多建築物的不同造型，和早期九年義務教育時的三角形屋頂的傳統教室建築差很多。另外，學術研究的學者也具有影響力，例如在校長班上課的時候，我們會放學校的照片讓大家看，新觀念的傳播就會比較快。現在的建築師都可以透過甄選進來，所以學校也都可以去選擇，可以從了解建築師以前有哪些作品，或是去其他學校走走，看哪一種學校的建築風格是符合理想的，就有這樣的機會選到適合的建築師，更多新樣貌的學校也能因之而慢慢出現。

　　花蓮西寶國小（圖 3-14）是號稱網路票選最美麗的校園，老師的宿舍蓋得很漂亮，但是真的很遠，辦學不容易，每一年有

兩次，可能因為颱風關係，學生是沒辦法來學校上課，要借用別的學校校舍上課，我有一次去他們學校的時候遇到學校在甄選老師，坐了一整天都沒有人來報到，實在是太遠了。

政大附中（圖 3-15）是我蓋的，它的校園建築會有新的造型，其實是找對建築師之後，有一些幾何造型的變化。一般建築師不太喜歡畫有變化的建築，因為畫簡單的圖比較好施工、好交件，有變化的建築造價也會變高，施工也比較困難，所以也有些施工單位不喜歡很複雜的建築，但相對有些營造廠商會挑戰，建築蓋完以後很漂亮，讓他們有成就感。

公共藝術推動之初，很多學校會把它變成願景的一部分，有的則是把它做成一個造型，成為地景的一部分，也有學校把公共藝術變成遊戲設施的一部分，像是新北市猴硐國小做的遊戲場就是一個公共藝術，不僅可以玩，而且猴子的眼睛和嘴巴是可以移動的，把它翻過來就是高興，或是老師覺得同學今天表現不優，可以把它翻到另一邊，是具有互動性的公共藝術遊戲場。

另外，大約在 2000 年開始，臺北市首先推出《資訊教育白皮書》，班班有電腦的政策就是在這個時候開始，電腦的教育從那時候開始趨向普及，2005 年政大附中蓋完的時候，螢幕都做得比較大一點，也包含單槍投影機。螢幕擺放的形式，如果以使用螢幕授課為主，可以放在中間，如果是為輔的話，可放在側邊，從老師的教學習慣來設置，現在比較常設置的是電子白板或 86 吋大屏幕。

當時還有所謂的智慧教室、未來教室。如臺北市南湖國小的未來教室（圖 3-16），當年做的時候很貴，可能花了五百萬做這一間，但非常好用，很多老師都很喜歡用。這個教室的成功，是因為過去傳統的教室只有一個螢幕，學生沒有辦法上來操作，

南湖國小的形式可以讓四個小組的學生都上來操作，螢幕還可以放大縮小。當一間教室的設計很進步，最好要配置一位專責的管理老師，能幫助授課教師使用、教室設備維護，提升使用的效果。

當年我在政大附中的時候，我們有分散式的即時教室，下雨的時候就以遠距連線的方式開朝會，各個教室之間也可連線，是類似線上教學的模式應用。近年因為疫情的關係，大家比較容易理解線上教學的運用模式。

綠建築的部分，太陽能板是其中代表性的作法之一，臺南市新市國小的作法是把它當成建築體廊道的一部分，不是只是用來發電而已。萬福國小是在屋頂上裝置風力發電設備，還有水資源回收和節能感應器。景興國小則是讓停車場燈具平時維持 20% 亮度，有人車靠近七公尺以內會感應全亮，遠離以後再慢慢減弱。這樣的作法既安全又節能，這是非常節能的設計。

五、2000年代永續與優質校園

2000 年後開始有類似智慧校園的嘗試，早期軟體和感應等都是個別的、散裝的，收費系統是收費系統、成績系統就是成績系統，彼此之間沒辦法整合在一起，2010 年以後才有智慧校園的管理的觀念。當時的永續校園，大概能夠做到自動化就不錯了，頂多加上水資源回收再利用，是屬於綠建築時期的作法。

「性別空間」的嘗試，如政大附中在 1998 年開始設計，籌備七年以後，這個學校才開學，當時 2005 年開學，政大附中就已經有可能是臺灣最早的哺（集）乳室，當時臺北市的法令甚至還沒有公布，臺北市的法令是 2009 年才公告的；此外，政大附

中的保健室是有廁所的，過去一般學校也沒有，是現在的新標準才加進去的。為什麼要在保健室設置廁所？因為有些人身體不舒服，可以在這邊休息一下，不一定要回家，尤其是女生如果生理期來不舒服，可以利用保健室的設備盥洗一下、躺一下，再繼續上課；男生也一樣，有時候身體不舒服，稍微沖個澡，可以讓身體比較放鬆。

性別空間的規劃也包括體育設施，以政大附中為例，十個桌球桌有兩個寫上女生優先的標誌，因為在運動場常常是男生獨大，女生想運動的話，空間就變小。有人會問說那如果是女生比較厲害怎麼辦？那這裡就寫男生優先，這只是一種性別空間而已，沒有一定說要寫男生或女生；只是在政大附中觀察到的是男生占的空間比較多，因此就在出入口比較方便的位置留兩個球桌給女生「優先」，而不是寫「專用」，這就是學校對於重視性別空間使用差異的教育理念，寫女生優先，但是女生不用時，男生當然也可以使用；同理，籃球場也是這樣做，三個籃球架會貼一個女生優先，保障女生來打籃球一定有位置。

性別友善廁所，我在當教育局長的時候有推動，也是營建署在推動的項目，後來我在國教署幫忙審查，發現其他縣市也有推動。性別友善廁所的觀念，以我們現在的廁所來看，貼了男生、女生，所以廁所被規範成只有某些人可以用，男生廁所就是男生用、女生廁所就是女生用、大人用就是大人使用、小孩用就是小孩使用，廁所的功能因為寫了給誰用而變成專屬於某一群使用者的空間，其實空間並沒有什麼性別，但是當寫性別之後，就開始有了差別。

在政大附中，我們當初想的是女生上廁所的空間比較少，因為下課時間短、女生又需要比較長的時間上廁所，因此常常看到

女生廁所在排隊、男生廁所沒有人在排隊，所以我們希望讓女生不排隊上廁所，這是我的心願。因此到政大附中去看，絕對沒有女生廁所在排隊的，第一個方法是控制下課的時間，讓下課時間延長到 15 分鐘，其次是男生廁所減少 1/3、女生廁所增加 1/3，再加上跑班上課，這三個策略加起來就有很充分的時間可以上廁所，不會有人排隊。

現在為什麼做性別友善廁所，是有觀念的，跨性別的學生到了國高中以後會漸漸顯現出來，到大學以後更複雜，因此有無性別、性別友善廁所的出現，這是營建署推動的，就是男生、女生都可以進來的概念。其實這種廁所很多，大家在搭飛機的時候，就全部是這種廁所。飛機的廁所也沒有貼男生、女生，不管男生、女生都可以用。三、四百個人在飛機上坐了十二個小時，廁所都不會髒，靠的就是一個互相尊重而已，這是性別教育的重點，懂得尊重。現在少子女化的情況下，我們可以找一間學校裡面比較少用到、在中心點的廁所，把男生廁所改成男女生都可以用的性別友善廁所，這樣如果女生廁所人多排隊的時候，覺得有需要用這間廁所就可以過來使用，如果不需要就可以繼續等女生廁所，我們只是增加一個機會，這種作法是讓女生有更多的使用權，不是只有男生可以用。

但是要注意的是，設計要注意裡面的男廁所不能夠看到，包含進到廁所的門也要做出轉折。我早期提到廁所不要做門，是指整個廁所和外面，不是便所間的部分；外面不要有門是為了通風，但還是建議有個轉折。有些學校站在走廊就能看到整排小便斗，這種情況實在比較尷尬，而這就是性別要處理的事情。以前有人誤會說是不是強迫女生上男廁所，其實不是；首先，男廁裡的小便斗要做成一間一間的，日本有些學校的男廁也是這種形

式，這能減少霸凌事件；有門的設計是一種尊重，男生上廁所應讓他能保有隱私，做半截露出頭或是腳也不行，應該要能不被看到。性別友善廁所建置後，裡面建議不要再貼是男生或女生使用，空間做得好、良好的使用，那麼性別教育就是成功的，能讓大家彼此互相尊重。

　　閒置空間再利用，如臺北市大直國小把教室和圍牆之間危險的角落加以整理變成腳踏車練習場，再改為交通安全教室，並拿到金安獎，是閒置空間再利用的好例子。後來一家公司送學校一輛公車當教具（圖 3-17），可以讓學生了解公車的視覺死角，知道哪些位置是公車駕駛看不到的，過去我們的安全教育都只有過馬路而已，沒有去教車子的死角在哪裡，其實很多車子根本看不到裡面。

　　臺北市的優質學校，以圖書館為例，如：萬興國小、政大實小、東門國小、幸安國小、北大國小、臺中東海國小、民權國中、弘道國中、達人女中、政大附中等的圖書館。政大附中的校地只有二公頃多、總共三十三班，它的圖書館蓋十七間教室大，整個規模很大，可以容納將近三百位學生，大概全校的學生可以同時有 1/4 進來，保證學生如果下課想要唸書，一定有地方可以讀書。山坡地的校園，希望讓學生能動能靜，有屋頂空間、室內空間還有運動空間，這樣學生下課才不會太悶，有設施可以變化活動才能成為頂尖的高中。

　　另一種空間變化的型式，像是現在有些高中會做角落，如臺北市大同高中的讀書角（圖 3-18），或是溪口國小、興雅國中在樓梯間也有做一些布置。最近這十年校園雲端與營運複合化的情況，如：智慧綠建築、教育雲端、未來教室、未來學校、智慧校園、社區學校、委外經營、複合使用、環境共生、資源共享、

融合課程教學等。

　　政大附中整個校地都是山坡地，二百公尺的距離內，有三十七公尺的高低差，相當於十一層樓的差距，類似一個滑翔翼場地；為了解決高低落差的問題，政大附中設計五個層面，每一層面落差大約是兩層樓。在校園旁邊有兩座橋，是跨社區和學校的，該筆建置的經費是向公園處爭取抵費地的錢，讓社區的學生走進來只要三分鐘就能到教室，不然的話，需要爬兩百多個樓梯，走二十分鐘才能進到學校，一天來回就差四十分鐘。

　　另外，政大附中沒有圍牆，跟社區也保持很好的關係，學校的資產可以供社區民眾使用，每年社區補助學校一百萬元的電費，這樣晚上學校可以開燈，也讓在校內留比較晚的師生有更安全的環境。政大附中的校園做成通透型的，從社區學校的觀點出發，讓學校從放學以後和社區共用。我計算過，社區使用的時間甚至比學校還久，如果教學白天每週以四十小時計算，社區使用超過四十四小時，因此學校也跟社區溝通，開放時間就歸社區民眾使用，但是上課時間不能進來，避免對學生上課造成干擾。

　　現在還有 AR、VR 等新的資訊設備，甚至綠幕等攝影棚設施，都是現在智慧校園裡面可用設施的一種而已。真正的智慧校園，例如現在的監視系統，通常都是發生事情後，再趕快調錄影帶來看是誰，是被動型的作法。但真正智慧型的作法，應該是攝影系統能主動分析人流移動的情況、找到異常的人事物，讓管理人員加以注意，才是真正的 AI 和智慧。真正的智慧校園可以做到相當細緻的客製化，例如選課的時候，可以幫學生做推薦；另外還有智慧的教學、智慧的行政、智慧的管理等，還有很多努力的空間，目前的學校還屬於零散的小智慧系統，智慧校園大部分都是大學在做，中小學要做到整個校園還需努力，目前都是一些

散裝的資訊科技、數位環境而已。另外像現在許多校內的圖書館也可以與市立圖書館合作，讓校內、校外都有門可以進出，也是一種閒置空間資源共享的觀念。

這個時期也開始有一些空間會結合課程與教學。前面這張圖片是老師的專業發展空間（圖 3-19），現在 108 課綱開始很強調備課的部分，老師們也要參加一些研習，但很多學校裡面並沒有一個看起來很舒適、很適合討論交流的空間。

這張照片（圖省略）是家政教室的一個角落，讓特教班的學生有可以練習泡咖啡的地方，學校只要有投資第一桶金，學生就可以學習泡咖啡和生活的技能，老師也有咖啡可以喝，讓空間變得有教育性。

最早期的校園空間重視的是安全，慢慢的提到美學，但主要是在外觀的部分做處理，涉及教學法的則很少去觸碰到。現在我們學生的學習更有自主性，所以空間的空間觀念變得更重要，例如在大學，學生自主學習的時間更多，學習的空間也要更多，這是校園空間轉變的歷程。

結語

臺灣的學校建築因應時代的變遷有不同的轉變，也反映文化價值。從清朝的書院到日據時代的建築都反映了時代的價值，當年的建築有當年的文化、我們新的時代有我們的建築。臺灣的學校建築因應時勢正在快速創新，整體的變化非常快，一方面是西風東漸的關係，受到外面文化的影響。此外，我們的教育法令修改的也很快，相應的建築設備也就變動得很快，有時候往往還會超前，例如性別友善空間就是一個超前的案例。

臺灣的學校建築也反映出人文的內涵，以前我們都說學校建築，現在都說是教育設施或者稱為學習空間。教育和學習慢慢變得更柔、更有人文教育味道，而不是當成學校建築或是工程。我當時研究的時候也很困擾，因為建築如果不蓋新的有什麼好談的。但其實可以談的很多，例如現在優質學校在做內裝的整合，就是配合課程教學做校本課程的空間，這就是它的教育價值。最後一個就是臺灣學校建築清楚地呈現教育發展的脈動，你可以從一路走來的明朝、清朝、日據時代、光復以後，整個脈絡是相當清晰的。應該說，學校本身就可以代表教育，其實學校建築和教育應該相互吻合，不然就只是一個工程，所以我們在學校裡面必須去重視教育空間的改變。國外的很多研究都有發現，教育設施和教育品質越好的時候，對學生的學習、老師的教學、健康、留職等等都有很密切的關聯。我想在這邊也和大家分享。謝謝大家，謝謝。

圖 3-1

臺南孔子廟

圖 3-2

臺北學海書院

圖 3-3

臺大文學院

圖 3-4

臺東縣立卑南國中

圖 3-5

宜蘭縣冬山國小

圖 3-6

臺北市立新生國小

圖 3-7

臺南市立億載國小

圖 3-8

臺北市立和平實驗國小

圖 3-9

國立政大附中

圖 3-10

桃園市立大園國際高中

圖 3-11

臺北市立建成國中

圖 3-12

臺北市立龍門國中

圖 3-13

屏東縣立泰武國小

圖 3-14

花蓮縣立西寶國小

圖 3-15

國立政大附中

圖 3-16

臺北市立南湖國小

圖 3-17

臺北市立大直國小

圖 3-18

臺北市大同高中

圖 3-19

臺北市立萬華國中

4

做教育的 GPS：
在行政實踐與學習的道路上

林明地教授
國立中正大學教育學研究所教授

講演時間：2021 年 3 月 3 日
講演地點：國立臺中教育大學求眞樓 K107 演講廳

　　謝謝延興主任、游老師、賴老師、阮老師、林老師、魏老師，還有剛剛的任老師，各位母校的師長還有各位同學，我是臺中師專 71 級畢業的，71 年五專部畢業的，說不定有些人都還沒有出生，很高興有這個機會回到母校。

　　要謝謝我兩個助理幫忙想出這個 GPS 的題目發想，我第一個想說的是「什麼是 GPS」？我去找了各位很熟悉的維基百科，這個 Global Positioning System，就是 GPS，又叫「全球衛星定位系統」，我就挑了幾個大家比較熟知的功能，從這些功能去延伸我所想要說的，並結合我所做的研究和研究的結果跟大家分享，請大家指教。

　　GPS 的第一個功能就是能「定位」，知道你在哪裡，像是

「學習、理解教育事務的表面現象」以及所謂的「深層意義（與挑戰）」，這兩個分開來看，已經不容易了，但是我做了行政研究及領導研究，發現這兩個要產生關聯更重要。跟這二個有一點關聯性的就是，定位之外，它還能夠「導航」。知道在哪裡外，它又能夠知道方向，這個方向有一點是掌握行動的方向、細節，及其「彼此之間的關聯」，等一下我會說多一點點的就是大方向、小細節，以及這兩個中間的關聯性。最後一個我們可能比較不熟悉的就是 GPS 可以提供一個「時間的數據」，這個數據可以告訴我們，我們的經驗可以累積，跟我們的價值到底差多遠，所以我用了幾個字，包括修煉並增強經年累月的行政經驗與價值。

我做了行政工作以及進行研究行政之後發現，GPS 不是只有延興主任有，我也有，而且是每一個人都有，只是各自的 quality 不同而已。我們在路邊看到麵店，老闆說五十年的經驗，麵店的五十年經驗一定有經過市場的考驗，一定不會五十年的經驗一再重複使用，當然這是在經營麵店裡面有市場競爭；可是我們有時候在教育現場發現，我的經驗有時候不一定等於價值、不一定等於意義的時候，以我的經驗複製三十次，好像就已經過時了，就已經跟不上時代了，所以關鍵在於經驗的 quality，這幾個共同的元素就是本次演講的副標題——「行政實踐與學習」。

那怎麼去做一些關聯？所以就以我所研究的主角，就是中小學校長，我會聚焦在中小學校長現場的實踐與學習，以及分享一些我目前的研究成果。我常常在回想，我的學術生涯從 1996 年回國到國立中正大學教育學研究所第一個服務的地方開始，到現在二十幾年了，學校校長和行政人員的這個工作或者角色，幫助我升等教授，所以我要特別感謝他／她們。可以這麼說，我 80%

的智慧（如果有的話）是來自校長們，他們讓我可以升教授，那我要怎麼回饋給這些在領導現場和教育現場努力的校長們呢？

我寫了一本書《校長學》，蠻多校長考上校長之前都說看過這本書，但現在也聽到蠻多的校長戲稱講說，校長「有責無權、赤手空拳、委屈求全」，有時候甚至「屍骨不全」，我就想，我到底害了多少人去當校長（因為看過我《校長學》的書而考上校長的）？誰告訴我說當校長是好玩的、有成就感的，不是這回事！其實我也常常跟校長們開玩笑說：「我的《校長學》是您當了校長之後才要看的」，我有時候更開玩笑講說：「考上校長是成為好校長這個行旅中最簡單的一個步驟。」換句話說，考上校長是您成為好校長最簡單的步驟。這一句話如果我寫在《校長學》書的封面，所以看了這本書，是成為成功校長最簡單的一步，有些人可能要考慮一下，我這麼困難才考上，結果這是最簡單的一步，那後面的困難到底是什麼？我到底要不要去嘗試？所以我會聚焦在這部分，我希望能夠找出校長在現場學習的一個架構，這是我今天討論的重點。今天報告的內容有些東西已經發表，有些東西還沒有發表，如果各位有興趣可以找來看一下。

我把結果先說——「以終為始」，我希望找出一個校長領導實踐與學習的概念架構。首先說明領導實踐（practice）這個practice 跟行為 behavior 的差別，舉例來講，behavior 是我現在右手這樣動，是表現出來的行為；那 practice 是我的右手為什麼要這樣動，動的範圍大與小、快和慢等等，因為我希望吸引一些原來有在看我手勢的人；我走動是一個行為，可是我為什麼走到這裡，是我根據我的情境、根據我個人的特質、根據現場的需要，然後我所做的一些行為，所以實踐比行為在教育領導的現場更容易理解，但是不容易描述。因為人們比較容易說您做了

什麼，可是比較不知道這個做了什麼有沒有效果，或者爲何如此做。

我等一下會細說「領導行爲」跟「領導行爲完成方式」這兩項內容的差異。以前的研究都告訴我們領導要做什麼、行政要做什麼，但是怎麼做、怎麼完成的，其實不容易說出來，但卻很重要。我們平常培訓校長，在國教院裡所討論的內容就是大家比較熟悉的學校願景與校務發展革新、課程與教學、學生發展與學習、教師專業發展與成長、學校行政管理、學校社區關係，和其他學校教育專業工作與任務，這是所謂的教育專業內容（比較屬於「做什麼」的範圍）。但怎麼做呢？同樣是在把課綱落實推動到學校，校長的作法不同就會有不同的結果，其關鍵在於校長怎麼推。我現在還沒有辦法完全把所有這幾個關鍵的東西整合起來，我希望未來這裡能夠比較清楚一點，但是目前爲止，這部分我還在發展中，還沒有最後結果，我希望從這樣的研究，可以協助校長找到定位、找到導航，而且能夠找到彼此的關聯、意義跟價值。

第一個我想要講的就是校長學習的概念架構，還有領導技藝的概念。大家都知道，做行政之後才會發現，有些校長可以從經驗裡面來學習，可是有的校長沒有辦法轉化，限制了他學習的可能性。這個是我用參與觀察法，所謂俗民誌的方式，跟在一位國小校長後面，大概跟了半年，然後我又跟了一位國中校長，大概跟了三個月（用時間取樣的方式），記錄他們每天在做什麼，整理一些研究結果與文獻歸納出來的校長工作特性，大家可以看到這些詞所形容的校長的工作是短暫的、功能多樣性的、不定型的，當然不一定每一個時段都是短暫的，但是早上的時間特別忙，尤其工作經常換來換去，支離破碎，比較少有校長說我今天

來是發展學校願景的，多數是在做一些「小事情」。另外，校長在有的學校做得很好，但換到了另一個地方，人事物換了之後，好像他做起來沒有這麼的起勁，跟學校願景比較連結不起來。所以有人就形容校長每天到了學校裡面，如果他沒有一些辦學的想法或願景，或者是把學校瑣事的事情與學校願景嘗試相互連結的話，他／她就會好像是救火隊一樣，哪邊響鈴了、哪裡有事情了，就去處理一下。雖然有時候我們去參觀學校跟校長聊天的時候，大概半天下來好像沒有人找校長，所以我們會覺得當校長也蠻不錯的，不怎麼忙，且好像就在那裡，也沒什麼人管；但是《校長學》的書裡面就提到校長領導其實不是簡簡單單的，沒有人天生就可以做好校長的工作，領導需要「被教導、學習、與發展」。但是他到底是自己教自己，還是別人教他？或者可能是二者都可以？

　　針對校長學習，我們比較熟悉的名詞叫做「校長專業發展」或「校長專業成長」，可是校長學習這個詞，我覺得比傳統的那種專業發展或專業成長在意義上來得更多一點，因為校長必須要把他／她所發展、成長的東西，依不同情境和不同的個人特質修正，然後去實施，所以我覺得學習的概念比專業發展、成長來得廣。校長學習具有所謂的社會性、實踐性、反思性，以及不斷發展性，不是只有自己爽就好，他屬於是人跟人之間的互動。而且校長學習是要實踐的，不是只有知識而已，他還需要反思，做了不行，他如何回饋，而且他還要不斷發展。我相信有的校長就算有工作十年的經驗，也不太能保證學校明天不會發生事情，因為有太多複雜的人事物。很多人都覺得當了老師之後，學習當老師才真正發生；同樣的，當了校長之後，真正的學習才開始，因為環境太複雜了。

　　我剛剛提到了我用俗民誌參與觀察的方式，觀察記錄這些校長的工作。有人會質疑這樣的描述性研究對於學術研究與學校領導實際有什麼幫助，其實這樣的描述性研究，有人會發現原來校長要做的事情這麼多，以前比較少有跟在校長後面，把校長的工作描述出來——校長的工作多樣化、節奏快、不具形式、自由裁量是很多的，所以校長在職期間的學習很重要。我現在探討的是當了校長之後的學習，這個相關的研究並不多。這些是傳統的校長專業發展，跟學習也會有一些關聯，譬如說參加研討會，或者是比較接受正式的課程，另外就是教師中心和國家教育院都會辦一些課程，這是相對上比較正式的。而非正式的專業發展有時候還蠻關鍵的。從這個架構圖（如圖 4-1），你會發現其實不能夠只有從事正式或非正式學習，而是兩個都要兼顧。因為有時候只有非正式學習，其實沒有辦法看到正式課程要學什麼；而只有正式學習時，有時候會忽略了自我練習是很重要的，從實踐過程、自我閱讀、前中後的反思，還有最近蠻流行的專業學習社群的概念。另外就是非正式的分享、觀察其他校長的作法、師傅校長給的一些建議，有的校長則是從做中學，帶領團隊出去比賽就可學到很多東西，這些是文獻與研究上所看到的校長學習。

　　最後，Thomas J. Sergiovanni 在他的《校長學》的書 [1]希望校長必須兼顧專業訓練、專業探究、自我更新，及同僚專業互享四個學習取向，以成長與發展。特別是，校長要能自我學習多一點，有時候我們都覺得當校長好像是當父母一樣，要自我犧牲多些——別人不能做的事情，校長就撿起來做，把研習的機會讓給

---

[1]　Sergiovanni, T. J. (2001). *The principalship: A reflective practice perspective (4th.).* Boston, MA: Allyn and Bacon.

圖 4-1
校長領導實踐與學習架構圖

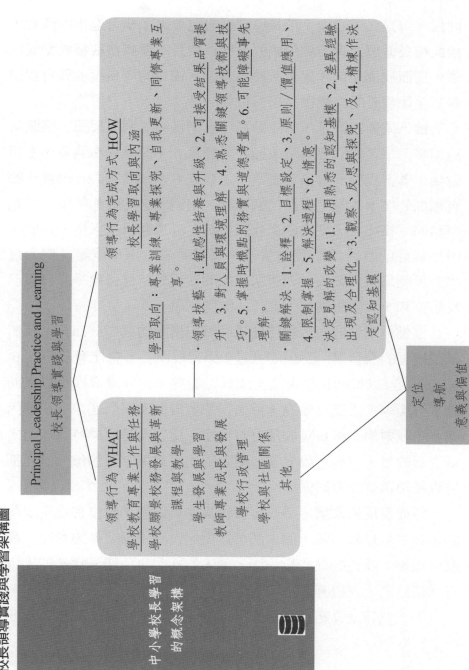

Principal Leadership Practice and Learning
校長領導實踐與學習

領導行為完成方式 <u>HOW</u>
校長學習取向與內涵

・<u>領導技藝</u>：專業訓練、1. 敏感性培養與升級、2. 可接受結果品質提升。3. 對人員與環境理解、4. 熟悉關領領導技術與技巧。5. 掌握時機點的務實與道德考量。6. 可能障礙事先理解。

・<u>關鍵解決</u>：1. 詮釋、2. 目標設定、3. 原則／價值應用、4. 限制掌握、5. 解決過程、6. 情意。

・<u>決定見解的改變</u>：1. 運用熟悉的認知基模、2. 差異經驗出現及合理化、3. 觀察、反思與探究、及 4. 精煉作決定。<u>認知基模</u>

領導行為 <u>WHAT</u>
學校教育專業工作與任務

學校願景校務發展與革新
課程與教學
學生發展學習與學習
教師專業成長與發展
學校行政管理
學校與社區關係
其他

定位
導航
意義與價值

中小學校長學習
的概念架構

同仁。可是久了之後，校長會發現自己喪失了學習進步的機會，如此校長領導是會受到限制的，所以校長不要將自我犧牲當成代價，反而放棄了自我學習。換句話說，校長的成長發展與自我學習甚至比校長的自我犧牲來得重要。

接下來要說的是，專業練習、專業探究、個人反思、團體反思這幾個學習取向要同時兼顧。「練習」，像是學會開會、主持會議、看工程圖、看預算表等，這些是可以練習來的，因為比較有類似的標準答案，當然這個也沒有絕對的必然性的；第二個是所謂的「探究」，探究就是我試看看，我以我自己人生去經歷，所以最好的實踐就是我試看看、研究看看；再來就是「個人反思」，就是跟人與人、人與情境之間作反思；最後就是光我自己反思不夠，我要跟其他人進行「團體反思」。

這幾種學習取向，就是在我那個架構圖的其中一部分，我們講說校長的學習第一個講的就是「學習取向」，有什麼取向（approach）可以幫助我在專業上成長跟發展；有什麼取向可以幫助我了解現場、人際互動等，這個是學習取向；第二個是「學習內涵」，我要學一些how的部分有什麼，這幾個是要同時兼顧的。很慶幸的是，沒有專屬於哪一些大師才可以用，我們每一個人都可以使用這些學習取向。

譬如說反思來講，不一定要校長才可以做，也沒有規定成功的校長才可以做，每一個人都可以做，而且不需要外力幫忙，我就可以做；同樣的探究也一樣，個人的練習也一樣。當然外人也可以幫我們，支持團體也可以，這樣也蠻不錯的。

第二個我就介紹這幾個學習內容，探討我們要做什麼？我要

怎麼做？領導行為如何完成？等。第一是 Blumberg[2] 在 1989 年，他把行政這件事情當作一種技藝（craft），在科學、藝術外，另有一種是技藝。為了了解從事行政的特性，Blumberg 就去訪談很多的校長、行政人員、教育局長和公司的 CEO，他問說：「你／妳覺得做行政像什麼樣的事情？」、「你／妳可以描繪一下做行政像什麼？」所以他所形成的理論是很強的，強在哪裡？強在他不是只有探討績優的校長，他是任何只要你做行政工作、教育行政工作等，所找到的一些共同的元素。他就用 craft 來表示，所謂的領導技藝這個概念，它牽涉到嗅覺、可接受的結果、材料、技術、做什麼與何時做，以及過程這六大元素，如果我們能夠記住並學會運用這些元素的話，那我們從事行政工作就比較能夠推動課程、改善教學，以及經營學校社區關係等，都有幫助。

　　首先，第一個就是嗅覺的使用。到底問題在哪裡？這裡有沒有問題？嗅覺要用對，別人覺得沒有問題，我覺得可能是問題；或者大家都很緊張的時候，我認為不需要。第一，每個人都有嗅覺，回到剛剛那個 GPS 一樣，每個人都有 GPS，只是我的 GPS 怎麼幫我提升問題的定位。第二，每個人在做事情之前，都會有一個預想的處理事情的可接受結果，不管這個可接受結果的品質如何，每個人都會有，否則我就不知道如何行動了，但是可接受結果的好壞就有點類似人們處理事情的格局高低了。第三，我有什麼材料可使用以解決問題嗎？這個包括我自己、同仁、環境等，也就是成就事情的種種材料。第四，就是我有什麼從事行政的技術。如果我們來稍微猜一下，在座是學校主任、組長，從事行

2　Blumberg, A. (1989). *School administration as a craft: Foundations of practice*. Needham Heights, MA: Allyn and Bacon.

政工作的人舉手一下好嗎？謝謝，要很有豪氣的說：「我是」，另外有些人在座的可能沒有真正從事過行政工作，但多數也看過別人做行政工作，搞不好更適合回答這個問題——我們如果來說做行政工作的技術，你會說做行政工作不能缺的技術是什麼？

學生 A：溝通。
林明地教授：溝通如果再把它拆解成比較細的會是什麼？
學生 B：說話。
林明地教授：還有呢？
學生 C：聆聽。
林明地教授：太棒了。

不錯！Blumberg 認為行政的技藝，主要就是 listening 與 talking，就是「聽」跟「說」，這兩個是很關鍵的，但是更關鍵的是行政人員怎樣把「聽」跟「說」關聯在一起。這裡讓我舉一個印象很深刻的例子，我印象中曾聽過母校師長賴清標校長有一次演講，他說：「以前還沒當校長之前，他要克服自己的緊張，拿麥克風講話要超過五分鐘，因為沒有講過話，就怕講話，可能會發抖」，好不容易把這五分鐘的即席演講講完；可是他說等到他當了校長之後，每次上臺前他都要提醒自己：「拿起麥克風的時候，講話不要超過五分鐘」，因為講超過五分鐘，底下就開始有人「點頭如搗蒜」。所以怎麼樣把「聽」跟「說」組合起來的技巧相當重要。還有做什麼？何時做？以及所謂的過程會碰到什麼樣的困難？

我們如果說從事行政工作牽涉到嗅覺，那我就要讓自己對事物的敏感性要能夠升級，這裡就牽涉到我們未來校長在職培訓的

時候，要用哪一些課程來幫助他們對學校事物的診斷，因為有時候診斷錯誤就會朝錯誤的方向行動。回到我剛剛舉例的，我跟著那個國中校長參與觀察研究的時候，我也跟他去巡堂。校長巡堂就是從那邊走過來看到有一位老師，跟我一樣上得很認真，然後走到中間，從窗戶往裡面看，他看到國中下午一點多的課，有大概一半的學生睡著了。這個同樣這一幕，不同校長的嗅覺使用會產生不一樣的原因歸屬。例如：第一位校長說：「這個老師怎麼這麼差勁？這麼認真教還讓學生睡著了。」第二位校長說：「我們的學生對老師太不尊敬了，老師這麼認真，學生還睡覺。」第三位校長會說：「我怎麼那麼差，我竟然沒有辦法讓我的學生可以醒著聽、醒著上課。」雖然有一種學習法叫做睡眠學習法，可是睡眠學習法要睡到 alpha 波或 beta 波出來，那個效果才會好，我這樣舉例當然有一點開玩笑，但是真的有這樣不同的解讀，就會產生不同的行為。

因為他的嗅覺運用覺得問題在哪裡，他把問題解決朝那個方向去執行，解讀不一樣，同樣的一幕，我們都要校長進行課程管理和教學改善，可是同樣一幕到底問題在哪裡？他的作為就會不一樣，第一位校長會怎麼做？如果認為問題是我們老師的教學，那校長就會規定老師要怎麼樣教；第二位校長可能會從學生下手；第三位校長回辦公室坐下來，就會思考，我要怎麼樣才可以讓學生醒著聽、醒著學習。我曾開玩笑想說，哪一個縣市國中校長遴選，就請校長候選人寫切結書，如果你願意切結「我的學校裡面沒有學生上課會睡覺」，你敢簽，我就讓你當校長，可以嗎？這樣合理嗎？開玩笑的。說不定最後討論的結果可能是，上課睡覺有這麼嚴重嗎？也有可能討論的結果是，因為學校課排得不好，數學課前面是體育課，因此讓他想睡，或者是真的學生家

裡有事情，稍微瞇一下有什麼關係，今天上的東西，只要學生覺得有一點點在生活上受用，那就夠了！

剛剛提的是做行政的嗅覺怎樣升級。再來是，處理事情最後結果的圖像品質怎樣提升。舉個例子，我在國小校長後面參與觀察的時候，有一位老師上體育課，可是這位老師沒有在操場上體育課，卻在教室上得一團亂，校長就覺得有問題。嗅覺產生了！他走過、看過之後就已經知道他要怎麼來處理，他沒有進教室，走一圈後，進到教務處跟教務主任提一下，了解這位老師曾經被學校提報到教育處是不適任老師的紀錄，校長跟主任討論到底要怎麼做，所以他在還沒有處理事情之前，就已經知道要怎麼樣處理了。

可是要怎麼處理？怎麼把處理事情的品質給提升？怎麼了解相關的人事時地物？「聽」跟「說」如何相互應用，然後掌握處理事情的時機點，這個時機點不是只有有效性的考慮而已，也包含所謂的道德倫理的考慮。舉例來講，剛剛那位老師上體育課沒有出去外面上，在教室上體育課一團亂的時候，校長在教室外面要不要進去教室責備這位老師，這個是一個做什麼跟怎麼做的問題，牽涉到的不只是有沒有效果的問題──進去教室責備老師也沒有用，這是務實的考慮，更需要考慮的是，這樣責備到底是對老師好還是不好，對學生的學習（榜樣）好不好，是一個道德倫理的考量。我要在學生面前責備老師嗎？這都是一些需要考慮的。再來我要讓這個老師進步的話，會碰到哪些困難等等。

當然上面說的這些內容要如何傳達給校長們來學習，看起來是很困難的，所以我就用一個圖，是我跟助理畫出來的，因為還沒有發布，所以沒有放在各位的資料裡面。把這幾個東西，用一個概念圖（如圖 4-2）來表示。

圖 4-2
校長領導技藝關鍵元素及關係示意圖

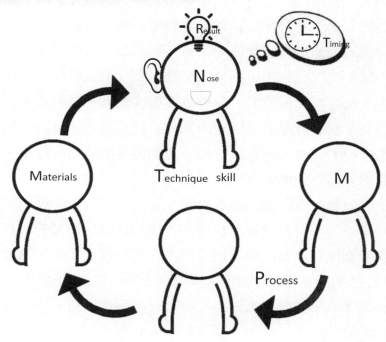

　　譬如說第一個我要用嗅覺，第二個嗅覺之後我就有結果，第三個我想到我要用哪些技術，另外我要用哪些人，再來是我做什麼以及怎麼做，還有最後我可能會碰到什麼樣的困難、處理事情的程序會是如何等，如果我有辦法把這樣的東西變成是一個訓練的課程、學習的東西，跟校長們做一些討論，說不定校長除了關注在課程教學等專業領導的內容之外，他還會關注到我怎麼把課程跟教學融入到學校裡，這幾個說不定是未來我們講學校領導技藝時，必須學習的重要元素。

　　再來第二個學習的內涵是「問題解決」。如果校長真的跟問題脫離不了關係的話，那「問題解決」就變成是校長一個很重要

的學習內涵。這個是 1993 年 Kenneth Leithwood 跟他的團隊所研究出來的，有幾個問題解決很重要的元素，這些元素跟上面的領導技藝的元素也有一點關聯性。譬如第一個「問題的詮釋」，這個跟前面的嗅覺是有關聯性的；第二個就是「目標設定」，這個目標不就是前面提到的可接受結果嗎？有一點關聯性；然後用哪些原則、用哪些價值進去，我會掌握哪些限制，這跟那個流程不是類似嗎？另外就是解決問題所涉及的情意層面，是前面領導技藝較少涉及的元素。這可以比較一般的校長跟成功的校長，在這幾個元素裡面有什麼差別。

第一，我就舉問題的詮釋來講，成功的校長會覺得把問題說清楚是重要的；另外就是學校現在新接的計畫跟學校的大目標或者是願景到底有什麼關聯，把它連在一起是很重要的，這就是我一開始說的 GPS，掌握細節、掌握大方向，以及細節跟大方向之間的關聯性，這個是重要的。再來就是短期目標，他可能有每一次的漸進式目標，最後，校長用了哪些價值。

我給各位看一個研究結果，如果這是一套價值，就是他在處理事情所運用價值的優先順序（校長領導高度應用的價值順序：1. 客戶需求、尊重他人、忠誠、快樂、知識；2. 尊重他人、參與、客戶需求、知識）。第一類的校長的優先順序是客戶需求擺第一，譬如家長的需求擺第一，第二是尊重他人，第三是對於工作和任務忠誠，另外就是我的工作是要快樂，再來就是我要強調我知識的運用等，這是第一類的校長；第二類的校長把尊重他人擺第一、把參與擺第二、把客戶需求擺第三、把知識運用擺第四，這兩個的差別主要在於客戶需求跟尊重他人的順序不一樣。各位猜看看，哪一個是比較績優（成功）的校長會應用的價值順序，左邊第一類或右邊第二類？有時候研究校長很困難的地

方，就是校長的想法和作法都在他的腦袋裡面，怎麼樣讓他的東西能夠顯現出來，有時是困難的。透過觀察看到有關鍵的地方就停下來請教校長，當時你在想什麼？為什麼你會做這個決定？透過在他腦袋的東西，讓他有一種方法叫做放聲思考（thinking aloud）。另外現在有太多的眼動儀或者腦波儀，像一些心理學方面的研究或犯罪學的研究，其實這些工具都可以幫助我們了解當校長在做決定的時候，考量的價值是什麼？使用的價值優先順序是什麼？左邊是一類的校長、右邊是一類的校長。

回到我剛剛那個問題，各位猜哪一個是比較績優校長所會應用的價值順序？因為我們不在那個情境裡，所以很難決定。答案是右邊是比較績優的校長，他認為尊重他人是他優先運用的價值，而且透過參與來展現尊重。這裡讓我回想一幕，某個縣市在校長調動考評的時候都會找一些人去做校長的考評。我很久以前參加過一次，因為他安排了個別訪談的時間，然後有一位老師剛好被抽到個別訪談，在大禮堂訪談一個人，很多委員就坐在他前面，就閒聊「你對校長領導學校的看法是什麼？」，在那個地方一個人面對很多人訪談的時候，就問他對校長帶領學校有什麼看法。當然這樣的考評方式好或不好，見仁見智，但在這個潮流之下，也很難去阻擋這個續任的評鑑，那個老師往後門一看，看看有沒有人來，深怕被別人知道，他就說：「我們校長常常在外面聽到家長有什麼話，回來就開始罵老師，也不尊重老師有辯護的權利。」他是客戶第一，可是客戶的需求是否應該建基在尊重的基礎上，不是只有你有需求而已，老師也有需求、學生也有需求、行政人員也有需求，學校是很多人（的需求）集合在一起的。

類似的例子是，我一個很好的朋友是○○大學的老師，他曾經代理過校長一段時間，他在當代理校長之前就打電話給我說：

「明地啊！你是學行政的，我要代理校長，能不能給我一個建議？」這個是蠻挑戰性的問題，一個這麼好的朋友，竟然會問我這麼困難的問題？我說我們只要記住學校有老師、有學生、有行政人員、有外部的相關人員，不要一個決定只顧及一個（一類）人，因為學校是所有人集合在一起的，所以這裡也牽涉到尊重與參與。來看剛剛那個研究結果，校長領導高度應用的價值順序：第一類依序是客戶需求、尊重他人、參與等。我們要顧及客戶的需求沒錯，但是客戶的需求是建立在尊重人的基礎上，從這個角度，我覺得如果我們在校長培育或校長學習的角度，如果有這樣的課程經過反思，讓校長知道他／她們到底用了哪些價值，為什麼他／她們的決定往往都是低年級優先，為什麼他／她的決定總是教務處承擔責任，為什麼？因為教務處比較「好叫」嗎？使用的價值順序是什麼？有沒有什麼可以改善的？

最後一個，就是所謂的情意面向（心理狀態），他（Leithwood）去分析校長的抗壓性、心理素質，碰到問題，校長會不會焦慮、挫折、不知所措，開會的時候，有人發言、有人挑戰時，比較績優的校長，他／她可以排解，甚至可以很冷靜、有信心的處理問題。但是一般的校長有時會慌掉、不曉得怎麼辦，這個都是他所看到的結果。另外一個很奇特的問題就是，校長把問題看成是什麼，也是一個很關鍵的因素。問題是什麼？例如：問題是「挑戰」？還是問題是「阻礙」？如果我把問題當成是挑戰，那是很好的學習機會；但如果我們把問題視為是阻礙（心裡不喜歡），其實就變成是沒有辦法克服的障礙。我的大學校長在當大學校長的時候，他叫我去當教務長，有時候聽他講的話蠻好玩的，他說他當校長很喜歡（或不排斥）碰到問題，他說如果我當校長要解決兩百個問題的話（舉例來說），今天

碰到一個問題、解決一個問題就少一個，等到解決完兩百個問題，我的任務也完成了！他把問題當作是一種挑戰而不是阻礙，這個也是一個很重要的心態。所以這個「問題解決因素」，他（Leithwood）就根據這個去了解，從一般校長與績優校長之比較，透過他的想法或各種方式找到資料，再去發現績優校長跟一般校長可能會有一點點差別。

再來就是領導行為跟領導行為完成方式。譬如校長經常做的巡堂，是領導行為，但同樣的領導行為會產生不一樣的效果。到底怎麼巡堂，這是一個比較少人研究的主題，因為同樣的作為（例如巡堂）就會產生不一樣的結果，我就把這兩個做結合，用領導技藝的元素來解釋領導行為完成方式。

以及有關領導者如何改變決定。有人提到教育領域裡面最難改變的人是誰？最難改變的其中一定包括教育局長跟學校校長。如果你去問老師、問學生或問家長，最難改變的人是誰？可能老師也是最難改變的，或者是說，只要是人都不容易改變。杜威在 1910 年有一本書 "*How We Think?*"，中文翻譯成《思維術》，他指出人們思考改變的五個步驟，包括，第一「察覺困難」跟前面有點類似，察覺困難在哪裡？同樣的問題到底困難在哪裡？可能人人察覺不同。接下來是，「問題定位與定義」、找出「可能解決的方法」，並「透過推論發展解決方案的立論基礎」，以及後面就是看看我要「接受或拒絕」。另外，這是一個 1993 年提到的校長、行政人員如何改變的研究，大致可以歸納一個人的改變大多都經歷四個步驟，第一個步驟就是依據之前的經驗，應用他同樣熟悉的心智模式，用以快速察覺、解讀問題；第二個當碰到一些差異、不一樣經驗的時候，他會有一點將狀況合理化（也就是差異經驗與合理化）；第三個階段，碰到這個差異化經驗出

現的次數越來越多的時候，人們就會希望他（領導者）去解釋（但，我們的文化不一樣，我們的文化不太會正面請校長或主管去解釋，當然這個文化有在改變中），這時候就會有壓力產生。例如有人就挑戰領導者，為什麼你要推展「團隊學習」（Team-Based Learning）？為什麼你要推展「專業學習社群」？（Professional Learning Community），到底有什麼研究指出它的效果，你／妳能把證據拿出來嗎？最後一個階段才會是修正之前的心智模式，產生新的心智模式用以解決問題，做出真正的改變。

　　我也做過一個類似的研究，2009 年嘉義市政府曾經推學校教學卓越計畫，其目標是，每一個學校第一年都補助五十萬，學校只要提一個計畫，經過審查、修改、推薦之後，每一個學校都能拿到五十萬。當時希望教育處努力推動教學卓越計畫，目標是當你提到忠孝國小，你就會想忠孝國小什麼厲害；當你提到三興國小，你就會想三興國小什麼特別拿手。一校有一個特色這樣去推，第一年每一個學校給五十萬寫計畫，第二年變成部分比例的競爭型的計畫，每一校可能基本數二十萬（舉例來說），可是把另外三十萬給做得比較好的學校，變成八十萬。第一年的計畫要怎麼做？一般教育行政機關給學校的時間大概都很短（例如兩個禮拜），給個公文下去，要求學校提一個計畫由下而上。譬如說今天是 3 月 3 號，然後 3 月 20 號要提，這還蠻有良心的。有的是 3 月 3 號給，公文你可能 3 月 7 號才看到，3 月 15 就要叫你提計畫，那校長會怎麼做來完成任務呢？有時候校長自己寫，自我犧牲，因為看到主任、組長很忙。自己寫好之後請主任寫公文報上去。有的教務主任很厲害請他寫，有的組長很厲害請他寫。有的校長就說教育局希望由下而上，我就想辦法在這個時間內開個會，找老師來談一談；或者用現在科技網絡的方式，請老師們

討論我們現在要提的這個計畫,大家有什麼構想提一下,只要有這個動作的,每一個老師就會覺得,他有被尊重。

　　第一年有很多校長都是自己寫計畫,或者主任寫計畫拿到經費,然後在校務會議報告說我們得到教育處補助五十萬,我們要推什麼計畫?校長期待老師鼓掌說:「校長、主任及學校行政人員好英明喔!」結果得到的反應是什麼?跟各位現在差不多,老師們可能頭就低下來,心裡面在想,你們拿到錢是你的光榮,做事是誰在做?是我們在做。從那之後,以前有的老師會跟校長共進午餐,走路會跟校長問個好。現在有人看到校長就故意走開,怎麼辦呢?校長就從觀察、反思去看看,我是不是做錯什麼了(在這個計畫的申請過程與主題決定上),這個計畫申請細節要不要改變。所以真正的改變在哪裡?在第三個階段觀察反思之後。所以我們講校長學習要讓校長學到觀察、反思和探究是很重要的(因為這是校長改變的關鍵)。我有時候跟校長研習的時候彼此討論,現在在推師傅校長,有的師傅校長在分析一些案例時指出,有校長常常做了自以為是的東西,覺得洋洋自得,但是學校內外其他人都認為他做錯事情。有師傅校長說:「我們做校長的怎麼幫助他?」有的校長就說:「讓他痛吧!」讓他真正出事的時候好好痛一次,他就會痛改前非。我就說,有沒有什麼機會(方法)可以讓他快速的進到第三個階段,有可能用課程進行的方式,透過討論,告訴他,你要做什麼,可以讓他進入第三個階段以求改變,而避開那個「大大的痛」嗎?這些研究整理的結果就是,我們最好的學習內涵是,如果我們要進步,就不能偏廢,最好能夠兼顧所有的學習內涵,不管是領導技藝的展現、問題處理過程,或者是強調「領導行為」與「領導行為完成方式」等等。

　　另外就是改變的部分,我剛剛說的只是一些概念的建構,

我實際蒐集是在 2017-2018 年間我跟校長的一些訪談，主要訪談的主題就是校長怎麼幫助學生。我去分析校長的回答裡面跟領導技藝有什麼樣的關聯？我的限制是什麼？我沒有去問校長你怎麼學，怎麼應用領導技藝。為什麼不這樣問，因為這樣問太明顯了，有好處也有壞處。好處就是我從校長的實際領導裡面歸納出校長怎麼學的，校長怎麼樣展現他的領導技藝；缺點就是我如何說服他人，校長學習只有這些，可能有一些校長學習的內涵他有做，我卻沒有分析到；有一些可能是他的技藝有展現，可是我沒有問到，這個就是限制，但我希望校長學習是校長帶領大家（學校同仁）一起實踐的過程。

這些研究有幾個結果。第一個我發現校長學習取向主要透過「個人省思」及「同僚專業共享」，以及少許的「專業探究」，但是「專業訓練」非常少。譬如校長透過訓練、研習而學習的很少提到，這裡牽涉到也有可能是我沒有問到，因為我的問題不是針對他的學習取向，但也有可能真的沒有。第二個專業探究，實際的例子是，校長考量我們可不可以怎麼做、我們曾經「玩過」什麼課程、我們曾經做過什麼，這些都把教育當作試驗的概念。我們試看看下課時間延長，讓小孩子的下課時間長一點；或者是兒童節的時候，上課跟下課時間對調一下；或者是我們可不可以試試看這節課老師不要站在講臺上，換學生站在講臺上；或者是我有時候去中小學看到有蠻多老師也是用麥克風，可是他的麥克風有時候有用、有時候不用。當然這樣也有好處，因為聲音改變了，那些睡覺的同學可能會醒過來。但是整天都在這個轟轟轟、忽然大小聲的教室，教室又小，又會吵到隔壁。我們可不可以試試看，所有人都把麥克風拿下來，這樣後面可以聽得到嗎？有些學校就可以試試看老師不要這麼大聲說話，或者老師的講臺可不

可以在教室中間？

　　第三個「自我更新」，研究裡面有提到印象很深刻的就是，我所參與觀察的校長表示，他／她發現，他／她想說的內容都不是老師想聽的，那這時候校長該怎麼樣？校長如果想要老師聽得進去的話，還是要想辦法改變一下。另外，有些校長希望在校務會議通過的案子，可是最後沒有通過，初期感到挫折，但是後來轉個念說：「沒有通過也有沒有通過的好處。」為什麼？因為大家總是討論過怎麼樣做，至少有一點共識，這個都是一些自我更新、反省角度的例子，最後，同僚專業互享包括看看其他校長怎麼做，我們怎麼樣透過行政會報讓大家一起沙盤推演等等，這個都是校長同僚專業互享學習很重要的東西。

　　再來就是有關校長領導技藝的研究結果。各位如果回想前面的校長領導實踐與學習架構圖，到底校長運用了哪一個元素比較多、哪一個比較少？從個案的資料裡面發現，元素一跟五是比較少的，就是嗅覺的運用，以及右上角那個選擇適當時機比較少。如果做行政都牽涉到這六大元素：「嗅覺」、「可接受的結果」、「技術的應用」、「材料資源」、「時機的問題」以及「流程」，未來校長的學習，不管是正式、非正式都是可以從這幾個方面去著手。如果是這樣的，設計課程困難嗎？當然有困難性，因為校長領導的專業內容，例如課綱（部定課程、校訂課程、素養導向教學等）已經有現成的東西，但是如何推素養導向教學，如何形成優質的校訂課程等 know how，就沒有現成的內容，校長必須具備理解學校現況的能力、盤點人力的情況、要知道推這個有什麼困難、校長及學校的理想結果是什麼？等等，如果一個校長說我希望我從頭到尾帶著做，沒有問題。可是第一年帶著做，第二年也是帶著做，第三年到第六年還是你在做，其他

老師都沒有動，那校長推動校訂課程的「可接受結果」的部分，可能要調整一下。

再來，我還要跟大家分享的初步研究結果是「校長在職場上的學習」，校長學到的經驗、學習的方式，以及當了校長之後，他學習的目標是什麼。最近有一期期刊我主編的，主題叫做〈校長即學習者〉（principal as learner）。如果我們說學校教育工作者的角色有一個角色概念的話，校長本身就是一個學習者這樣的角色概念，很令人驚訝的是，一般人不會這樣想。學習者在學校指的是誰，通常是學生。而在學校這個場域裡面，校長甚至是老師是學習者這樣的角色概念並不普遍。如果學校是一個學習的地方，為什麼只有學生在學？如果推 108 課綱，大家都沒有經驗，校長如果不學，沒有辦法學習推什麼，以及如何推，怎麼有辦法期望老師主動去推；老師如果沒有學推什麼、如何推，怎麼期望學生可以學到。所以如果學校是一個學習的地方，那代表在角色概念上，每一個人（應該）都是學習者，包括校長。

校長要扮演課程領導者、教學領導者、公共關係者等角色時，校長學習者的角色概念，是校長實踐、完成這些其他角色的關鍵。因為校長只要是一個學習者的時候，他／她就可以學習來到這個情境，學會如何去推動上述事務。在張春興、林清山老師那本《教育心理學》的書對 learning 的定義就是「個體經由練習或經驗使其行為產生較為持久改變的歷程。」（頁 64）其中重要的是，我的改變到底要持續多久？另外，就是我怎麼樣去完成事情的方式。這個是我做的個別訪談，各位可以稍微看一下，有團體、有個別訪談，然後我就問校長，您到底當了校長後，您的學習是怎樣？您學到什麼？您怎麼學習？您學習的目標是什麼？當校長您學習的理想是什麼？研究中，六十四位訪談參與者比較

多是在高雄市、臺中市、嘉義縣市、雲林縣等，不是全國的研究參與者，但是基本上大、中、小型學校，性別方面男、女校長都有。我用分析軟體去分析訪談校長所得的資料，結果呈現在這張國民小學校長學習的經驗圖（如圖4-3）。

　　大家看到這個圖，您會覺得校長學到什麼（越大字體的，表示出現次數越多）？教育、孩子、理想、希望、事情、自我，然後行政、主任、期待、努力、提升等等。到底校長學到什麼？第一個來說就是學到「溝通跟責任」，幾乎六成的校長都提到他的溝通跟責任。譬如說你要預防事情，就是提早理性的溝通，誠懇的面對問題，真誠的面對教學問題。這其中信任是很關鍵的，對不同人做不同的溝通。另外「以身作則」也是很多校長提到的，行動是溝通的利器，所以行動結合「聽」跟「說」這樣的概念。然後另外就是「有效的轉化」，面對觀眾不同，你就要有不同的陳述方式，所以校長的溝通牽涉到的是，傾聽的、內容是有目

圖 4-3
國民小學校長學習的經驗圖

的、有準備的、有行動實踐的，且能設身處地、與時俱進、善用科技，所以校長的溝通不是只為了溝通本身而已，而是要讓校長跟同仁一起來完成這個事情，所以我才會用負責任的溝通這樣的概念，所以溝通跟負責任是校長學習很重要的一個目標，這是第一個。

第二個，就是他學到團隊過程跟結果是重要的。譬如說聽到匪夷所思的事情的時候，要保持微笑不能生氣，所以為什麼校長當「笑長」，就是校長要微笑。好的領導者實踐尊重、和諧、共融，這都是團隊的過程，先處理情緒再處理人。另外一個是團隊也要有一些成果，有成果做出來之後，以前的痛苦、以前的經歷都值得了，所謂「成果治百病」。團隊過程跟結果，大概有一半的校長提到。

第三個，教育具影響力，而且校長要堅持理念、保持彈性。這大概有 20% 的校長提到。譬如說要深入了解各項政策、以柔克剛、溫柔的堅持、要有適當的強硬、有技巧地發脾氣，也要有堅持，跌倒的時候要看到旁邊有沒有什麼東西可撿。另外要了解所謂生命的無常，我不一定一步能到位，但要有耐心地讓果子能夠成熟。

第四個，這個經驗是我未來會繼續追的，只有一、兩位校長提到，但從學習的角度而言，是相當獨特的，所以把它彰顯出來。有些校長覺得蠻孤獨、蠻疏離的，因為校長不太會講自己學校不好的地方，尤其同縣市的校長，校長的競爭關係不利於校長（彼此）學習。有的縣市國中小校長可能沒有很多位，所以今年到底續任（調動）有多少人？怎麼樣可以續任？像這些都有一些競爭關係。所以我們要讓校長幫助校長，校長向同儕學習，要成立校長專業學習社群，在設計上就要有些考慮，因為光成立社群

不一定會有學習的效果。「社群」不一定都是「專業」的；「專業社群」不一定都是「專業學習社群」。有可能跨縣市的虛實整合的專業學習社群也是一個可以考慮的。

再來就是校長學習的理想是什麼？我用一些關鍵字去搜尋歸納。第一個就是「學生的學習」，校長學習的理想都是以學生學習為主體，有的甚至會提到讓特殊學生有表現。另外有的可能還會提到學生跟整個學校的發展，有的時候，校長學習是自己的發展跟群體的發展同時在一起的，許多校長學習的理想是希望學校親師生社區合作，培養自信活潑的學生、積極效率的行政、專業進取的老師、支持合作的家長等。可是校長（自己的學習）在哪裡？他可能在行政裡，他的理想好像多數是為了別人，沒有不好。但打個比方，在飛機上遇到亂流的時候要怎麼辦？先幫自己戴上氧氣罩，再幫別人戴——當我要幫別人學習之前，我要先學習，這可以嗎？可是我們的結論好像看到校長比較偏重促進學生學習、提升學校發展的理想，這也許是我沒有問出來，可能還要繼續去做。但是可以從這麼龐大的資料裡面發現，剛剛那個圖，這是校長學習的經驗、理想整理：教育、孩子、希望、理想，在圖中會發現提到「我」的部分總是少一點。當然這部分可能呈現在其他部分，譬如校長學習的理想裡面，他希望樹立楷模，建立典範，其中就包括他自己，但是直接涉及到校長自己的學習，還是蠻少的。

另一個研究，我希望能夠研究領導行為以及領導行為完成方式。這個是我以兩位校長的四項領導作為或者領導實踐所做的分析。包括：一、把學校特色融入課程跟教學，二、貼近學生、落實學生多元學習的理念，三、學校宣導家長與小孩上下學騎乘機車戴安全帽，以及四、宣導學生不帶含糖飲料到學校。其中，

我去訪談一位學校校長的時候，講到一些故事蠻奇特的，就是這個學校的學生早上上學，譬如說現在小學七點多上學，他看到小孩子一天有的帶一瓶、有的帶兩瓶飲料。為什麼帶兩瓶？因為早上喝一瓶，體育課上完要再喝一瓶；然後更有學生帶四瓶，為什麼帶四瓶？因為一位同學的家長不讓他的小孩買，小孩就拜託他的同學買，幫同學帶兩瓶。另外，校長發現學校的籃球場旁邊都是飲料瓶，再怎麼打掃就是這麼亂。他為了宣導學生儘量不要帶含糖飲料到學校的作法，開會的時候跟教務主任、跟學校的行政同仁討論說：「我們來做這個事情，或者是我觀察到這個，我們能夠做什麼嗎？」然後學校同仁就講說：「你這樣會不會危害到早餐店的生意？會不會被抗議啊？家長都不管了，為什麼學校要管？」、「老師有時候請客也請學生喝含糖飲料，豆漿算嗎？養樂多算嗎？那些含糖的都要禁止嗎？」這個校長雖然嗅覺已經嗅到問題，但這些反對的結果已經把自己限制住，亦即在可接受的結果這部分，就已經限制住，後面都不用做了。所以有時候我們在說，我要讓你後面的行為改變，倒不如先了解我們怎麼樣去解讀一個問題更是關鍵。最好不要在我還沒理解問題、處理事情之前，就覺得我的問題不可解決。

另一個例子是，校長宣導家長騎乘摩托車載學生上下學時要戴安全帽的例子也是類似的。這位校長就發現，家長騎摩托車帶小孩子上學的時候，學生跟家長都沒有戴安全帽。於是校長就在校務會議、行政會議跟學校同仁討論如何宣導，但是學校同仁就回應說：「警察都不管了，難道我們要去跟他們開單子嗎？」換句話說，學校同仁覺得不能做，那校長也沒有辦法強行推動。有一天他就跟訓育組長拿了安全帽，在門口歡迎師生上學的時候都戴安全帽，家長們帶小孩子騎摩托車看到這個景象跟他們（校長

與訓育組長）比讚，然後十個家長裡從原來可能是一、兩個戴，現在變成兩、三個戴安全帽，稍微增多了。這故事還蠻好玩的，他到底做了什麼，我用這個來說明他「做什麼」以及「如何做」。

有蠻多的文獻都告訴我們，「做什麼」跟「怎麼做」同樣重要，且有時候「怎麼做」反而是更關鍵的。譬如給各位看這個文獻，這些文獻我們比較熟悉的叫做「分布領導」，重要的學者是 James Spillane。有一次我看到他的書裡面提到，他去跟學校校長討論一些領導作為的時候，那些校長都跟他回應：「教授，這些作為我們都知道，Tell me how? 告訴我如何做！」換句話說，學校現場很需要的是領導行為完成方式的研究結果。再舉個例子，各位可能比較熟悉的是，很多校長很喜歡在早上的時候歡迎師生上學，有的校長甚至還立下志願，只要不外出開會，就每天七點之前到校門口，站在校門口歡迎師生上學。可是因為這樣站，有可能讓老師原來上班的時候會碰到校長，他為了避開不看到校長，他要六點五十五分就上班。所以同樣站在校門口歡迎師生上學這件事情，甲校長有效，乙校長可能造成反效果。同樣的，像是巡堂的領導行為，甲校長可能有很好的效果，乙校長可能沒有很好的效果。

我們講課程領導，研究指出，有效能的校長跟沒有效能的校長，在領導作為上有沒有什麼差別？結果發現，在做什麼事情的類別上差別不大，但是在於校長做這件事情的方式一不一樣。舉例來講，比較績優的校長在十一點五十分的時候要去拿便當，然後他在路上碰到學生，就會問他，你這個月學的長除法學會了嗎？碰到老師就問說，你上禮拜申請一個播報筆來了嗎？效果如何？對你的教學有沒有幫助？碰到另外一個行政人員，他就問他說，你提的那個計畫進度如何。換句話說，他走過去拿便當的這

個過程裡，所有看起來都很例行的事情，可是他都跟課程領導設法產生關係。但比較一般的校長，他拿便當就是拿便當，比較沒有辦法把細微的事情跟學校大目標做一些關聯。這是從行為如何完成的角度來看領導行為跟領導行為完成方式的差別與關聯。

前述含糖飲料的案例中，這個校長為了讓含糖飲料減少，不被主任與組長的反對意見所阻斷，他就帶著主任去拜訪村長跟民意代表事先溝通，表達校方為維護學生健康，希望學生不要帶含糖飲料到學校的意見。因為他怕廠商會去跟民意代表反映，民意代表就會跟縣市政府抗議。這個村長就跟校長與學校行政人員說，如果有人抗議，你就教他們找我就好，所以這是他做一個事情如何完成的方式。

當然我研究中碰到最大的困難是，領導行為和領導行為完成方式的區分有時沒那麼明顯，甚至領導行為完成方式也是領導行為，這是很困難的。譬如我說校長如何去擺脫民眾抗議危害到學校沒辦法執行這件事情，他做的方式就是想辦法帶著主任去跟這些地方上的關鍵人物先做溝通，希望他們碰到相關的抗議時，能夠幫忙解決，這是他完成領導行為的方式。可是從領導行為的角度來看，這個也是領導行為的其中一種，這個是我碰到的困難。我用領導技藝的六個概念去分析，譬如說發揮敏感性，他做了什麼，因為校長是新到這個學校，他就去觀察學校的日常生活習慣，他就發現有一個班級的所有學生都用自己帶的寶特瓶，為什麼其他班級都帶含糖飲料，這個班都沒有人喝含糖飲料。他就問這個老師為什麼你們班都沒有人帶含糖飲料，因為這個導師是新來的，他就說我是新來的我不知道，原班老師已經調到別的學校去了。這位校長就打電話去給前任的班級老師，問為什麼你們班可以全部都不帶含糖飲料，他說他有規定，他有跟學生溝通，

跟學生家長溝通。校長透過這樣的觀察發現，學生是可以做得來的。只要循循善誘、不厭其煩地溝通，然後理性的堅持、有彈性的作法，不是一步到位，不是今天說不能帶，明天就不能帶。他甚至爲了跟家長做宣導，他還在教育部的網站資料看到喝含糖飲料對學生學習會產生什麼影響，譬如學生喝了，中午血糖變高，他就會想睡，影響到他的學習，家長就會想，那我要怎麼辦？因此配合學校作法的可能性會提高。

另外這位校長對處理這件事情的「可接受的結果」（就是設定目標），是爲了增進學習環境，堅持用教育的立場來處理事情，而不是用衛生單位或警察單位取締、管制的方式處理問題，重視學生生活習慣的養成，堅持一些教育的理想，循循善誘，跟前面那個研究結果又有點關聯，就是堅持但是具有彈性，然後理解環境的作法。另外「行政的技術」就是決定先處理理念、方向性的問題，再處理事情的技術性問題，這是我學到最多的，他就提到我們有時候這個問題出來都會想，技術上做不到，我就不做了，都不會去想說這樣做，方向對嗎？他覺得教育問題先從方向性的問題來解決，這個跟「可接受的結果」是有一點關聯性的，然後多元溝通、持續觀察，掌握時間觀點，務實跟道德的考慮。另外就是碰到什麼困難，我怎麼去做一些排除，這個是我做的一些資料分析。

最後一個厲害的地方是，我做了一個圖（如圖4-4），但是這個圖我還沒有發表，我想辦法要怎麼樣去做，左邊是領導行爲，就是他剛剛做了什麼，以及右邊是這些領導行爲是怎麼完成的。

譬如用領導技藝去展現領導行爲完成方式，彼此間對應的關係，但是這個我目前還沒有詳細去呈現，因爲我碰到一個困難，

圖 4-4

校長協助學生學習的領導實踐圖

校長協助學生學習之領導實踐：以「宣導學生不帶含糖飲料到學校食用」為例	
領導行為	領導行為完成方式＝領導技藝
觀察反思 　1.拜訪地方人士，聽進去家長的意見。 　2.巡視校園、觀察學生上下學情形。 　3.反省學校髒亂的原因。 　4.了解為何有的班級學生只喝白開水的原因。 　5.思考如何解決主任與老師所提的疑問。 　6.蒐集方案實施後的問題，並陸續思考解決。 **內外部溝通** 　1.與家長、地方人士、民意代表、學校行政人員、老師、學生多元溝通。 　2.正式與非正式場合的溝通。 　3.帶領學校主任跟社區人士溝通。 　4.透過口頭與正式文件的溝通。 　5.持續溝通。 **理性說服** 　1.校長向家長報告，喝含糖飲料後學生血糖的變化情形及其對學生的影響。 　2.以教育部含糖飲料的規定，為教師執行的重要參考。 **帶頭示範** 　1.自己以身作則，不帶含糖飲料到校。 　2.希望老師獎勵學生時不要以含糖飲料為獎勵品。 **堅持理念** 　1.堅持以教育立場處理學生帶含糖飲料問題。 　2.強調學生習慣的養成。 　3.當初期效果下降時堅持，並思考實踐方法，設法發揮學生自治及團體努力的力量。	**發揮與提升敏感性** 　1.觀察學生日常生活習慣。 　2.發現有班級已養成不帶含糖飲料到校的習慣。 　3.聽取家長意見。 　4.巡視校園。 　5.反省原因。 **可接受結果** 　1.設定目標為增進學校環境優雅品質。 　2.堅持以教育的立場處理。 　3.重視學生生活習慣的養成。 　4.堅持教育理念。 **理解環境與人員** 　1.理解環境的重要性。 　2.理解自己與老師的倡導與示範角色與任務。 　3.理解學生、校友、老師、行政人員、家長、社區民眾的相對角色。 **運用行政技術與技巧** 　1.決定先處理方向性的問題，再處理技術性的問題。 　2.多元溝通、持續溝通。 **考量時機點（務實與道德）** 　1.在規劃實施前先與社區關鍵人物溝通。 　2.考量學生習慣改變需要時間，故設定一個月的宣導期。 　3.了解與觀察學校歷史及現況，再設計推動方案。 **理解、排除與融入障礙** 　1.邀請學校行政人員一起向村長說明爭取支持，排除行政人員的擔心。 　2.改變推動作法，收持續的效果。 　3.理性說服。 　4.融入行政人員的規劃建議。

資料來源：參酌林明地（2018）及 Blumberg（1989：47）整理而成。

林明地（2018）。提升國小校長協助學生學習的領導實踐：兼重「領導行為」與「領導行為完成方式」。發表於 2018 東亞地區校長學學術研討會「校長知能素養與專業實踐」（2018 年 12 月 19 日）。國立臺北教育大學教育經營與管理學系主辦。

完成領導行為的方式看起來也像領導行為（剛剛提過的）。譬如說右邊第一個，觀察學生日常生活習慣，這看起來是他完成左邊第二個，巡視校園、觀察學生上下學之領導行為的方式，可是從單獨來看，觀察學生日常生活習慣也是一種領導行為，這個是我現在面對的困難。又或者我們講說右邊第二個，發現有班級已養成不帶含糖飲料到校的習慣，這個是他巡視校園了解為什麼學生只喝白開水的原因，看起來這個是支持他的領導行為，也就是他完成領導行為的方式；可是如果單獨來看，他發現有班級已養成不帶含糖飲料到校的習慣這件事情，好像也是他的領導行為，這是我面對最大的困難。但是我覺得這一定有一些東西可以想辦法變成一個理論，而且是對現場校長在處理問題是有幫助的。也就是說，我除了做什麼之外，我還要想如何做，我要讓行政人員、主任、組長排除那些接受抗爭的疑慮，我就要想辦法將抗爭斷源。所以我就提到說領導行為跟領導行為完成方式，這個可以領導實踐來整合，而且就會跟我剛剛提的一樣，領導實踐具反思性的、是社會分布的，而且可以精心規劃、設計的。

　　課程可以設計，教學活動可以設計，為什麼領導行為不可以設計？我設計的重點在於我怎麼樣讓這個領導行為落實，也就是說我從領導行為與領導行為完成方式去設計。舉例來講，回到剛才那個問題，我要讓我的學生不帶含糖飲料來學校，但是我又怕主任和組長所講的，那些廠商會跟民意代表抗議，斷了他們的生路，我這時候就要讓民意代表也支持我，所以你用政治的問題來處理，誰規定校長不能這樣做，我可不可以帶著主任、組長先去拜會村長和議員，跟他們講說我們希望做這樣的事情，理由是什麼，我們希望怎麼做，取得他們的認同，然後拜託他們，如果學校碰到困難幫我們解決，看起來這樣做是可以設計的。

　　另外領導實踐可以是一個具規範性的建議。例如當校長的領導行為是必須經過設計的，它就是一個規範性的，就是做任何事情在執行之前就必須要有規範。譬如說我也是當了教務長才學會，我們開會的第一個議程都是能量匯集的地方，所以如果你是禮拜一開校務會議，第一個議程儘量不要排你想要通過的那個議案。因為大家禮拜六、禮拜天玩樂、喝了含糖飲料，那個「毒素」都還在腦海裡，大家都針對這個議題……（可以是任何議題），講了一大堆。所以你把你想要通過的議案排在第三個之後，大家都沒力了，就比較容易通過！所以議程是可以設計的，我為了學校發展、議案通過，我了解這個學校現場的狀況，所以領導行為是要經過設計的。這樣子就會讓校長知道說，做一些事情要稍微想一想，當一個主管到一個會場開會，不知道這個議案誰支持我、誰反對我，那他蠻危險的，因為我不知道我的部隊在哪裡，我的朋友在哪裡，我要先知道別人到底怎麼支持、反對我，所以這就是說我們的行為是不是可以有一些規範，這個就是領導行為完成方式。

　　最後一個我要提的，我大概用十分鐘的時間討論一下，我們現在所謂的「行政逃亡潮」，我有寫了一篇文章，其實行政逃亡潮不是叫做行政逃亡潮，我把它叫做「行政職大逃亡」。有一次我跟全國教師團體的幹部一起開會的時候，我就跟他們開玩笑說：「現在老師都不喜歡當行政，有所謂的行政逃亡潮。」他說：「老師其實沒有拒絕行政，沒有行政逃亡的問題，老師只是不喜歡做行政工作（職位）而已。」各位如果你有電腦或手機查一下，《教師法》的教師義務裡面，其中一個就是，教師須「依有關法令參與學校學術、行政工作與社會教育活動」（第32條，教師的義務）。換句話說，我們的《教師法》已經規定

老師要依法令來協助行政工作，可是我們現在面對的問題就是行政職逃亡，所以我就寫了一篇文章，討論做行政有什麼價值？就是做行政到底值什麼？為什麼有人說做行政在現在社會覺得不值得了，那我們學行政的、學領導研究的，我們不去想這個問題，我們怎麼去說服別人做行政。

所以學校行政是很關鍵的，因為學校行政是達成學校目標的重要機制，學校內部構成都是行政，然後學校一些行政管理，它對於學校的核心任務是有一些影響力，可是這個影響力卻又需要學校一些過程去達成，你可以看到這是我自己寫的學校行政管理研究概念架構圖（如圖 4-5）。

透過研究可以看到，學校領導或行政管理跟最後的結果（核心任務的達成），要透過教學或學校內部過程才有辦法達成，校長領導要透過教師因素和學校因素才能夠產生影響。不管是教學管理或教學領導（instructional management, instructional leadership），都要透過學校氣氛才能夠對學生產生影響。校長領導跟學生的表現這關係線條，以及教師個體與群體行為與學生學習表現跟那條線有什麼差別？校長領導跟學生學習表現的線條是虛線，換句話說，校長領導或學校行政管理想要產生學生學習的結果，一定要有一些學校內部過程才有辦法達成，這是領導發揮影響力的機制，我就不花很多時間說明，因為在相關的教育領導的書裡面都會提到的。

我發現，學校校長的處境越來越具挑戰性，校長要扮演越來越多的角色，我們可以看到，國中主任越來越少人報考，當然現在慢慢有改變。我曾經去看幾個縣市校長報考的人數、主任報考的人數歷年增減的情況，有的縣市的國中主任錄取率都超過百分之百，今年要錄取兩個，結果一個來報考。以前考上校長叫做光

圖 4-5
學校行政管理研究概念架構圖

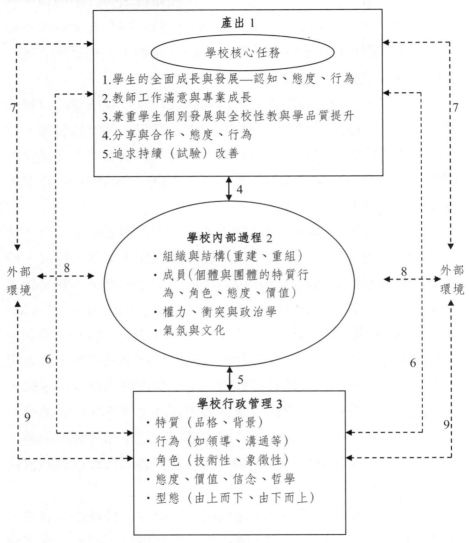

宗耀祖，現在考上校長有時候是災難的開始、苦痛的開始，那怎麼辦呢？為什麼變成這樣呢？不只校長的改變，裡面提的就是你去問校長你的角色有哪些改變，你看第一個叫做 marketing，這是外國的文獻，你如果問我們現場的校長，以前校長可能不需要做行銷，但是現在校長與行政人員很多事情是要做行銷的，所以校長很不容易組行政團隊。

我看過一個鄉村的學校，學校譬如說有六班十一個老師，其中一位校長、兩位正式老師、七、八位代理代課老師，那個縣市 7 月份開始代理代課老師就沒有薪水，所以 7 月開始，那個學校剩下三位老師，兩位兼主任的正式老師跟這個校長。可是這兩位主任跟這個校長領導理念不合，所以這兩位主任 7 月開始就辭職不當主任，不當主任，8 月就不用來了，所以 8-9 月這個學校只有校長一個人到學校來上班，蠻神奇的。為什麼這個行政工作變成是這樣呢？國中主任沒有人要做，為什麼學校行政都是菜鳥老師在當？為什麼老師沒有兼職行政的意願？為什麼行政過量？當然教育局處也都有在做一些改變，例如現在評鑑減少了，但老師兼任行政意願不高的情況、校長與學校行政人員感覺不再像以前一樣被尊重、校長覺得有責無權等等，好像被改善的也不多。

結論就是行政很重要，可是很多人覺得做行政「不值」怎麼辦？我說這個是國家的一個危機，危機在哪裡呢？我們現在推的課綱依賴的都是校長和行政人員（與老師）去推，可是現在又沒有人願意去當行政工作，當然現在年金改革之後，發現校長提早退休的現象有稍微減緩一點點，但是國中主任增多的比例還不高，為什麼他會覺得不值得？真的有一些教育行政上可以去檢討的，譬如說行政加給到底跟班導師費有什麼差別？行政業務量的多寡跟他付出、得到的支持之間彼此對等嗎？等等，原因很多。

另外，有的老師覺得擔任行政職務沒有成就感，可是有的學校校長會說，我從來沒有缺行政人員的問題。換句話說，有時候是校長的領導作為也會影響了老師願不願意做行政工作，這個原因是很多重的。有一種說法就是，現在退休年資的制度是你當行政年資又不列入退休基數的計算，所以當行政人員又少了一個激勵因素。臺南市還有一段時間，你如果是學校行政人員，你的超額是有保障的，但很多人反對。

那怎麼辦？第一點可以思考的是，我覺得我做行政是否有成就感，對我的教學是否有幫助？面對同樣的要求（demands）、同樣的約束、限制（constraints），可是我有選擇（choices），可以透過選擇積極面對。第二點，為什麼還是有人願意去做行政，而且做得很好，很有成就感？像我們延興主任一樣，或者像以前的游主任一樣，很多人都做行政處理得很好，他到底是有什麼樣的腦袋跟別人不一樣。他的成就動機、他的內外責任、他的收穫比較多、他看得比較全面。有一個我很好的朋友，就有人請他去當副校長，他說有人花錢請我去當副校長，我還可以學習到行政經驗，何樂不為？

另外，從某種程度來看，事實上，學校的每一個人都在做行政工作。舉例來講，我曾經有一次請學生做一個作業，那個學生做一個作業就是他自己在公立國中服務，他是一位校長，好像聽說校長最難過（討厭）的一件事情就是，早上在學校門口看路隊的時候，看到對面那一家的小孩，他原本應該讀我們學校，可是他的家長偏偏載著他去讀私立學校，當一個公立國中的校長，他就覺得很奇特，為什麼我們的建築也是新的，老師也都是師大、臺中教育大學、中正大學畢業的，為什麼老師這麼優秀，你還要把你的小孩送去私立學校。然後請這些家長填一些理由，其中一

個理由他就覺得很匪夷所思，家長指出，你們學校放學時學生騎腳踏車路隊並排，他就覺得很神奇，為什麼有這個理由，家長因為這個理由就不把小孩子送來我學校，為什麼？因為那是個鄉村的學校，那條大馬路有很多的卡車行駛，卡車在那邊經過，小孩子騎腳踏車並排是會影響到學生安全的，他怕他自己的小孩放學不安全，所以讓小孩子讀私立學校。

　　行政如果是為了讓學校發展與表現良好，讓學校聲譽變好，讓學校的社區關係良善，那麼學生所做的公共關係（或學校與家長及社區的關係），有時候比老師、比行政人員還要來得厲害。就是說因為你們出去代表的是學校，所以人人都在做行政，但你可以看《教師法》，教師的義務裡面就是依有關法令參與學校學術、行政工作與社會教育活動等，所以我有時候在開玩笑說，如果沒有人當行政（職位）沒關係，我校長就兼任教務主任、兼任總務主任、兼什麼組長，然後我就來分工，把所有事情分成行政工作，你不當行政人員（職位）沒有關係，但是行政工作依法令，你有義務要幫助，那我就把它分工好。怎麼做，我就給你設好，你就來做，所以你不當行政人員沒關係，行政職逃亡潮沒關係，行政工作大家一起做，因為老師的權利、義務裡面，就有一個依法令對學校教學及行政事項提供興革意見、協助學術研究、行政工作、社會教育活動等。

　　怎麼做呢？我覺得王政忠老師的想法可以提供參考。他認為教育改革是蠻難改變的，他說：「先做好教學改變，再來訴求教育改革。」你看他發揮的影響力量有多大，他把他的教室裡面教學做改變之後，他有所謂的夢1、夢2、夢的N次方，再來訴求教育改革，原來我要做的改革是慢一點到，我有一點用間接、迂迴的方式去做，所以同樣的道理，我可以做什麼？有一個同學

送給我的感人肺腑的話，叫做 Stressed spelled backwards is desserts，你把它反過來看，壓力反過來看，變成是一種甜點。所以人生如果是一個學習的歷程，做行政有困難、做行政有挑戰、做行政有碰到一些考驗，那是必然的，因為這就是讓我能夠學到東西的經驗。

再來，如果我不做行政，我建議各位，現在社會有人願意做行政，我們要感謝那樣的人去做行政，因為做行政跟我們教學不一樣的地方是，它牽涉到人跟人的互動，例如：高瑄系務助理為了讓我來這裡，她傳了多少個 e-mail，雖然很多 e-mail 我可能沒有很即時、認真看、有的慢回的，那為什麼她要做這些，如果她純粹當老師就可以不用做這個，但是做行政就是要把這個事情做得很完美。

再來就是如果有機會參與行政工作，Michael Fullan 有一本書叫做《在校長工作領域有什麼值得追求的》（*What's worth fighting for in the principalship*），他裡面有提到行政人員要去除 "if only" 的心態（亦即，只要世界、別人怎麼樣，我就怎麼樣的心態）。所以我們要記住，沒有一個人的主要任務是讓我的工作更好做的，當校長心裡面也要這樣想，沒有一位老師、沒有一位行政人員他天生的主要任務只是讓我的工作更好做，這不存在。但是有的校長會覺得老師都不配合我怎麼做，只要老師配合，我就做，那要校長幹什麼？或者沒有誰有義務讓我們的工作更好做，這個是如果我們先天有這樣的想法的話，進廚房就不要怕熱，勇敢地用權，不要息事寧人，所以如果老師的表現不好，他需要做一些改善，我們可以堅持要他改善，但是讓他從程序上有些彈性，所以我覺得要讓工作有價值，做有效率的工作，不和稀泥。如果要我安排學校行政工作，不要用抽籤的，我去拜託、

跪，我都要拜託來、跪來，找到有能力的人去幫忙，這個是很重要的，做 smart choices（明智的抉擇），讓行政的工作主要重點放在教學。另外就是當我做事情的時候兼顧三件事情，包括做事有焦點、保持熱情，以及投入夠多的時間，這個是我的建議。

我今天很籠統的跟大家介紹幾個校長學習的內容，從校長學習的概念架構可以分享的一些研究結果。校長學習的經驗、方式、取向、校長學習的理想，以及校長領導行為完成的方式；也說明了做行政的價值，最後如果說我要做一個歸納，可以讓各位今天帶回去的，那就是，做行政如果要講 know how 的話，我們可以學會掌握嗅覺的運用、可接受的結果、我的技術在哪裡、我相對的 material 在哪裡、我的 timing 在哪裡，然後我做事情的process 如何排除一些困難，做一點 rehearsal 的工作等等，我就跟大家分享到這裡，看看大家有什麼指教，到這邊，謝謝大家。

5

多元文化主義的過與不及：
從多元文化教育的三項觀察談起

張建成教授
中國文化大學教育學系教授兼教育學院院長

講演時間：2021 年 4 日 15 日
講演地點：臺北市立教育大學教育學系

前言

　　簡主任，還有各位在座的學員們，大家好，我是張建成，今天很高興有這個機會，簡主任讓我來跟大家做個有關「多元文化教育」的報告。這個課題，不客氣地講，我可能是國內比較早投入討論的，大概在 1980 年代的中後期，就開始從事有關原住民教育的研究。那時候我在新竹師範學院服務，共同主持一個教育部的研究專案，在桃園、新竹、苗栗的後山，原住民的部落，做了將近兩年原住民小學教育的調查。

　　由於我的專業「教育社會學」，很重視教育公平或教育機會均等的問題，所以當年的調查研究，有很大一部分與此有關。從教育公平的觀點來看，談教育，一定要講兩個東西，第一個叫

「有教無類」，第二個是「因材施教」。所有的孩子，管你是男孩、女孩、聰明的、不聰明的、發展有沒有障礙的、有錢人家還是沒錢人家，不管哪個族群，都有權利接受教育，這就是有教無類。而當所有人進到小學以後，學校有沒有提供他們最好的教育，讓每個孩子都能發揮所長？所以接著必須講求的，就是學校能不能夠因材施教，用現在流行的話語來說，學校能否「適性揚才」？關於以上這兩個教育公平的理念，世界各國的經驗顯示，通常只要國家財政足以負擔，主政者又有心推動，大概都能開放中小學的入學機會，做到有教無類；但能否進一步做到因材施教或適性揚才，就大有疑問了。因為我們的教育理論和方法，到今天為止，大都比較能夠照顧「共同教育」的部分，但對每個孩子在不同發展特質或需求方面的「差異教育」，則仍有待精進。

　　具體地說，面對這個「差異教育」的問題，迄今我們做得比較好的，是從心理學乃至於生理學那邊，獲得不少有關兒童或個體身心發展差異的有用線索及科學知識。大概從 19 世紀中後葉到 20 世紀，再到 21 世紀的今天，教育心理學在「個別（身心發展）差異」方面的探索，都是獨領風騷的，幾乎所有接受教育專業訓練的人，不論是要成為學者，還是教育相關從業者，都必須了解心理學講的這些有關身心個別差異發展的線索和知識。但是除了個別差異之外，每個人的身上還有一些受到他們所屬群體（如族群、階級、性別等）影響的社會差異及文化差異，這部分在過去的教育領域是比較少討論的，直到 1950 年以後，通過教育社會學的研究，才有所接觸。而一開始的接觸，大部分都比較偏向社會差異方面（特別是階級），及至 1960、1970 年代，教育社會學（含教育人類學）才出現有關文化差異的討論（特別是族群）。

所以說，要做到因材施教，除了必須顧慮兒童的個別身心差異，還要注意兒童背後的社會群體、文化群體，對他所造成的方方面面影響。為了更進一步了解社會文化差異，從 1970 年代開始，「多元文化」以及教育人類學的一些相關概念，如族群多樣性、文化多元論等，日益受到重視，並且很快造成風潮。以臺灣為例，近三十年間，多元文化教育在臺灣的發展，可謂風風火火，幾乎什麼事情都可連上多元文化教育，或是掛上多元文化的招牌，甚至多元文化這幾個字，1990 年代也進入我們國家根本大法《憲法增修條文》，「國家肯定多元文化」瞬間變成我們的基本國策。不過，可能是多元文化這個名詞紅得太快，幾乎整個發展過程裡，沒多少人做過概念方面的探索或檢證，大家就像趕時髦似的，只要看到了就拿本子照搬、照講，不太過問它到底是怎麼回事。如此一來，遂可能以訛傳訛，至於怎麼以訛傳訛，造成過猶不及的狀況，我們待會兒會逐一說到。

壹、多元文化教育的由來

　　多元文化這個概念的起源，儘管各國不太一樣，但最常見的用法，大都是拿來處理不同民族（或稱族群）及其文化之間的不平等關係，藉以促進族群文化的共存共榮以及族群關係的和平發展。也就是說，世界各國原先大都希望透過多元文化的相關政策，包括多元文化教育在內，消弭優勢族群與弱勢族群的對立和裂痕，所謂四海之內皆兄弟，遇見文化跟自己不一樣的族群，無須排斥，也沒有先入為主的偏見和歧視，而是敞開胸懷，敬之、慶之、樂之，相互發明，彼此關照，共同攜手並進。

　　世上較早處理族群教育平等問題的，當推美國。20 世紀上

半葉的美國，黑人和白人小孩分別在不同的學校接受教育，俗稱「黑白分校」，教育資源分配嚴重不均。1950 至 1960 年代的時候，黑人民權運動起來爭取人權，透過美國大法官的判決解釋，認為黑白分校是不合憲的，從那以後才有大黃校車計畫，接送不同膚色的學生到對方校區上學，變成「黑白合校」。美國的多元文化教育，便濫觴於這種形式的「多元民族教育」，只是 1970 年代之後，美國多元文化教育的實施範圍擴大，在非裔、亞裔和拉丁美裔等族群之外，也涵蓋其他形式的弱勢群體，如女性、多元性別、特殊教育對象等。

　　而較早把「多元文化」這個概念正式提出來的，應該是加拿大人。在 1970 年代初期，他們為了解決加拿大的英語系後裔跟法語系後裔的爭執，提出了「多元文化主義」的想法，折衝多年，到了 1980 年代末期，加拿大國會還通過了《多元文化主義法案》。所以我們可以這麼說，「多元文化」一詞，最早應該是加拿大人敲定的。時值今日，加拿大英、法語裔的矛盾，或仍待解，但他們在多元文化領域，除了名稱及相關學理的討論外，至少還有項不可磨滅的貢獻，就是開發了「沉浸式的雙語教學模式」。這套雙語教學模式，後為紐西蘭毛利人所用，成功幫助他們推行族語復興運動。

　　接著，讓我們看看歐洲跟澳洲的情形。最初，他們談多元文化教育的目的，主要是為了處理境內的移民問題。二次大戰後，有些歐洲人的殖民地獨立了，過去在殖民地幫這些歐洲宗主國做事的人，以及嚮往宗主國生活方式的人，繼續待在殖民地可能覺得日子不好過，不如跟隨殖民主子一起回到宗主國，例如英國，反倒比較舒坦。大概基於這樣的原因，以及 20 世紀下半葉全球化潮流引發的各種跨國需求，歐洲地區出現很多來自非洲、

亞洲、中南美洲的移民。這些移民的文化，特別是來自回教世界的文化，每每都跟歐洲固有文化格格不入。如何調節族群文化差異，促進和平相處，便有賴多元文化政策的推行，教育領域自不例外。至於澳洲的多元文化政策，起初主要處理的是東亞移民問題。因為自 1960 年代、1970 年代起，為了促進發展，他們向東亞地區招募了不少黃面孔的專業人才或技術移民，這對信奉「白澳政策」的白人，特別是當年的白人政黨「一族黨」（One People Party）來說，顯然難以接受，乃群起反彈，造成騷亂。於是，澳洲政府便欲借助多元文化的相關政策，弭平爭端。

最後，一國境內的族群教育問題，在上述三種類型之外，還有一種，就是原住民族的教育，像拉丁美洲、紐西蘭和臺灣的多元文化教育，當初都是從當地的原住民談起的。此處，我們以紐西蘭和臺灣為例，做一說明。

紐西蘭的多元文化教育是怎麼來的？主要是當地的毛利人在 1970 年代驚覺，自 19 世紀英國人取得紐西蘭統治權的百餘年來，他們的母語快速流失，絕大多數族人都在失語狀態。為了復興本族的語言，在國家完全不理會的情況下，他們篳路藍縷，艱苦開辦稱作「語言巢」的毛利語幼兒園。然後隨著幼兒年齡及學習階段的增長，他們秉持民族覺醒的情操，一路不畏艱難，依序設置了毛利語小學、毛利語中學，乃至於毛利語大學。一直到他們辦毛利語中學的時候，政府才承認毛利學校的法律地位，開始提供預算補助。透過沉浸式的雙語教學，毛利人開展了自己的多元文化教育，順利完成毛利語的傳承，如今毛利文化儼然成為紐西蘭的國家象徵。

臺灣的多元文化教育，最初也是因為原住民的關係。1980 年代末期，當年教育部之「教育研究委員會」邀集國內知名人類

學家、社會學家及教育學家，在臺灣進行大規模的原住民（時稱山胞）教育調查，並將調查結果轉化成《發展與改進原住民教育第一期五年計畫》。該計畫 1990 年代初發布實施時，明文宣示重視「多元文化精神」，這可說是政府官方教育文書第一次出現「多元文化」四個字，所以臺灣的多元文化教育最早是從原住民教育開始談的。到了 1994 年，行政院成立「教育改革審議委員會」，1996 年完成任務，發布《教育改革總諮議報告書》，明訂未來的改革方向包括「推展多元文化教育」，內有兩項主題，一是「原住民教育」，另一是「兩性平等教育」。後者目前慣稱「性別平權教育」，此一項目的加入，應是受到美國的影響。

　　以下，將根據個人三十多年來的參與觀察，談談多元文化教育在臺灣，由於發展過快，甚至過於輕率，以致出現的三個過猶不及之處。

貳、我的三項觀察

一、第一項觀察：促進教育成就與族群關係

　　2014 年我在臺灣師大教育系的《教育研究集刊》上，發表了一篇文章，談的就是這項觀察的心得，可供參考。

　　假如各位曾經上過多元文化教育的課，就會發現不管是教科書，還是上課的教授，講到多元文化教育的目的時，少的會列個三、五項目的，多的則會列到七、八項，甚或更多的目的，好像列出越多項的目的，就越沒有遺漏、越完美，其實沒有這回事。多元文化教育，說穿了基本上就是要做好兩件工作：第一件工作，是「促進教育成就」，以提升弱勢族群在主流社會裡的競爭

力；第二件工作，是「促進族群關係」，以提升國家社稷和平發展的永續力。

（一）促進教育成就

　　說到這裡，想跟大家再做些概念上的區分。首先，民族和族群這兩個名詞或概念，爲行文方便，可以通用。其次，有不少人認爲，優勢民族就是多數民族，弱勢民族就是少數民族。因爲在世界上普遍來看，一個國家裡面，掌握政治、經濟權力的民族，就是優勢民族，當它掌握了政治跟經濟的權力，也同時可能掌握文化跟教育所有各方面的權力，通常這個民族都是人數比較多的，因此也稱多數民族。而在所有國家裡面，比較缺乏政治、經濟權力，乃至教育、文化權力的民族，是爲弱勢民族，他們人數通常比較少，故也稱爲少數民族。可是有些例外的情形，某些國家或地區，譬如 1988 年之前近百年時間，臺灣的優勢民族，便居人口上的少數。另外，南非在曼德拉當政之前，也是如此，那時候，南非由少數的白人統治所有黑人，曼德拉上位以後，權力才回到多數的黑人手上。是以就目前看來，優勢民族和多數民族這兩個詞彙，應該已可交互使用，並且弱勢民族和少數民族二者，也應該可以通用了。

　　現在言歸正傳，不論是在我們的社會裡，或者是在現代的所有社會裡，交通工具四通八達，資訊通訊科技無遠弗屆，弱勢的少數民族如原住民，是躲無可躲，避無可避的，不管在哪裡，優勢民族都會把你找出來，要你參與主流社會的生活。這時候，假如教育程度不夠的話，是很難立足於社會的。所以原住民，或者是弱勢族群，若欲在主流社會裡面站起來，就必須要先提升教育成就，才能夠增加他們的競爭力。

　　對此，人類學家有個說法，叫做「資本主義的種族秩序」，可供參考。它指的是，一位少數民族或弱勢族群的小孩，家庭社經地位不錯，努力學習主流文化，上課認真，成績好，守規矩，在校時偶而跟人講幾句族語，或表現一下本族文化認同，通常其他師生會表示尊重，甚且可能客氣或積極地向他討教，如何用他的族語和人打招呼等等。可是，換做另一位同族的學生，家庭社經地位偏低，成績不行還調皮搗蛋，英語不夠通順，滿嘴族語，甚至髒話連連，當他對著我們說：「請尊重我的語言和文化」，大家想想看，結果會是怎樣？優勢族群同學大都敬鬼神而遠之不說，老師的反應多半也不佳，頂多婉言請他自重，早些學好英文，融入主流，以免自誤。這就是資本主義社會裡的種族秩序，以生活在現代世界的原住民來說，也是如此。設想有位教育程度不錯的原住民，專業能力、收入和日子過得都非常好，跟我們說，他的族群淵遠而流長、文化博大而精深，我們大概只能稱是，無從反駁。換做一位教育程度偏低、職業和收入都不穩定的原住民，衣冠不整，舉止粗俗，若也如是說，我們信得過嗎？怕不嗤之以鼻就不錯了。沒錯，這就是資本主義的種族秩序，在當前的資本主義社會裡，或是說，在現代的文憑社會裡，教育成就及其所代表的人力資本和文化資本越高的人，不分族群，獲得旁人信任和尊重的程度便越高，且其本身在社會裡的適應力和競爭力，也可能隨之越高。

　　話說回來，目前世界各地的少數民族，他們子弟的教育成就通常都比較差。例如在美國，很明顯的，黑人的成就比白人差，中南美洲裔的教育成就，甚至比黑人還差，印地安人的成就亦然。可是在美國，從 1960、1970 年代以來就發現一種現象，說也奇怪，有個族群的教育成就反比白人高，誰啊？就是黃種人，

不管是來自日本、韓國、臺灣、香港、大陸或中南半島，成績都比較好，又很乖、很聽話，多麼可愛，所以叫做「模範少數民族」（model minority）。何以如此？待會兒我們提到「文化生態」的時候再予說明。

臺灣的情況，也是優勢的漢人族群教育成就較高。研究顯示，1990 年代以前，在漢人族群裡頭，教育成就以人數最少的「外省人」最高，「客家人」次之，「閩南人」再次，不過現今這樣的差異已不明顯。當年的外省人可說是優勢中的優勢，他們比較熟悉學校裡的教學語言「國語」，父執輩又剛離開大陸不久，對課程裡的「中國」觀點感到比較親切，也因父執輩多半從事軍公教工作的關係，接受教育有「公家」補助，負擔較輕，所以唸起書來可能比較容易，成績也因此可能比較好些。不過，這些大都過去了，目前教育成就的差異，主要還是出現在原、漢之間。不可否認的，作為弱勢族群的原住民，他們的教育成就較之以往，確有提升，可是相關數據依然顯示，他們的學校成績還是不如漢人族群，中途輟學的人數比例相對較高，接受教育的年限因而較短，品質也較差。

對於弱勢族群之教育成就長期落後優勢族群的問題，20 世紀中葉的解釋，充滿種族歧視的意味。市井大眾胡亂起鬨的就不說了，學界前前後後也有不少人士拿出所謂的「科學證據」，「證明」弱勢族群的個人或群體「缺陷」。他們先是有人從生理學或心理學觀點，指證弱勢族群如黑人的遺傳條件不利，腦容量有限，懶散成性，不但能力不及優勢族群的白人，努力也不足。1960 年代前後，又有人從社會學的觀點，聲稱弱勢族群的家庭教養不良，導致文化刺激短缺，呈現文化不利狀態，必須及早送進學校，接受補救或矯正。這些種族歧視的「缺陷論」，迄今

依舊存在，相信這些說法者，仍大有其人，只是從 1970 年代以來，受到世界各地「反種族歧視」風潮的衝擊，不再那麼明目張膽，主張「差異論」的多元文化主義，以其反種族歧視的旗幟鮮明，乃趁勢而起，聲調看漲。

　　從多元文化的角度來看教育成就失利，已不再承認遺傳條件不利以及家庭教養不良的說法，轉而強調族群文化之間，存有不可共量的關係，就像人與人之間一樣，互有差異，但眾生平等，彼此獨立自主，不相統屬，沒有誰高誰低的必然性。差異論者認為，有多少數量的族群，就有多少不同的生活天地與文化，各有各的發展源流，各有各的人文傳承，各有各自獨特的真、善、美，允宜屏除強凌弱、眾暴寡的霸權，相互尊重、相互欣賞、相互提攜，彼此共存共榮。

　　據此以觀，欲解決弱勢族群之教育失利，如成績低、輟學高、學歷差等等，便須從「文化差異」的觀點，講求平等的「教育人權」。一般所講的「教育人權」，就是我們之前談到的「教育機會均等」的概念。如前所述，教育人權的落實，除了「有教無類」，最關鍵的還是要能「因材施教」、「適性揚才」。就弱勢的少數民族如臺灣原住民而言，若加上文化差異的考量，則他們的「差異教育」，既須反映「每位」原住民學生身心發展特質的個別差異，更須回應「集體」原住民文化，對「每位」原住民學生之認知型式、價值判斷、學習態度、工作習慣、成就動機、生涯抱負、生活習性等等教育有關特質的影響，方足以提升他們的教育成就。很顯然的，這是項艱巨有加的工作。

　　因為光是「個別身心發展差異」方面的探討，心理學家已花了一個多世紀的功夫，所得成果固然豐碩，遺憾的是，現行學校教育系統的管理與運作，始終無法跟上學理進展的腳步。同時，

心理學家迄今的研究，很多時候都未反映「族群文化」對於「個別差異」可能發生的作用。是以最近幾十年來由多元文化教育所帶動的「文化回應教學」，由於缺乏相應的「跨文化心理學」研究基礎，目前還都停留在點狀、局部、零散且短期的實驗階段，缺乏較大範圍有系統、有規模的長程追蹤與整合，效果尚難論斷，遑論此舉能否促成弱勢族群的「有利條件最大化，不利條件最小化」，以提升他們的教育成就及社會競爭力。

眼見「教育人權」的實現遙遙無期，難免讓人心焦，也難免有等不及的人發出奇想，希望直接爭取「教育主權」，建立原住民族自己的教育體制。必須說，這是一種危險的想法，過猶不及。當然，任何一個民族，若能透過本族的語言與文化去學習本族與外在世界所有該學的東西，成效應該較高，因為學習的過程與結果，不但可以鞏固自己的族群文化，也可藉助外界事物的學習，拓展視野，帶動本族文化的更新與進步。可是，世界各國通常只有優勢族群享有這項權利，弱勢族群則否，這裡面主要牽涉到弱勢族群若享有教育主權，難保不運用自己獨有的民族教育體制，遂行「教育建國」的目的。

優勢族群怕的是，賦予弱勢族群教育主權後，他們便有權從本族的觀點敘寫歷史、地理、社會及文化，裡頭少不了訴說優勢族群的壓迫與剝削，透過悲情喚起民族精神，製造分離意識，進而分裂國家。也就是說，教育主權通常都跟政治主權、文化主權，乃至國家主權連在一起，所以當弱勢族群掌握了教育主權，那麼國內有多少弱勢族群，就可能因而產生多少獨立運動。試想，世上有哪位國家領導人或哪一國的民眾，會眼睜睜看著國內任何一塊領土，在他們面前分割出去，宣布獨立？任何國家掌握政治、經濟權力的優勢族群，肯定不會坐視不管，甚至還會發動

媒體輿論、立法管制、資源緊縮等作為，大力反擊或打壓。在我看來，1980 年代興起的新右派教育改革，儘管沒有明說，其實不少統一施行的績效問責措施，就是針對多元文化（教育）政策可能造成的分離力量，進行反制。所以，教育主權的爭取必須深思熟慮，不可躁進，避免引來意圖分裂國家的質疑，否則，不僅最基本的教育人權依舊停滯不前，甚或倒退，多元文化更可能不再是教育公平或教育成就討論的課題，而變成政治正確與否的鬥爭問題。

（二）促進族群關係

現代的國家形式，通常是由多個民族（或族群）組成一個國家，可是統治國家的權力，往往不是各族共享或分享，而是集中在某個人數比較多、或拳頭比較硬的族群手上。在這種情況下，一國之內便會形成掌握國家政治、經濟、文化、軍事等權力的優勢族群，以及淪為附屬地位、接受優勢族群統治的弱勢族群。現實的國際經驗告訴我們，這種統治關係即使是通過普遍直接民權的民主機制所產生的，到後來也大都變成宰制關係。優勢族群長期或有意、若無意的歧視、打壓和剝削，弱勢族群不可能總是忍氣吞聲、委曲求全，最後所有的緊張和矛盾終將爆發開來，激化族群仇恨與衝突，社會因而撕裂，動盪不安。所以，多元文化教育的第二個目的，就是促進族群關係和諧發展，厚植國家和平永續的力量。

基本上，族群關係的正向發展，有賴優勢族群和弱勢族群共同參與，透過真誠的善意互動，才有可能幫助優勢族群和弱勢族群，分別從過往的「恣意妄行」和「歷史悲情」之中解放出來。可是各地歷來的多元文化作為，包括臺灣在內，優勢族群在參與

制定政策之後，大都轉身變成局外人，把多元文化教育搞得好像只是弱勢族群自己的事，其他人都可置身事外，不聞不問，毫無關係。

譬如前頭提到的「文化回應教學」，就是一個例子。或許有人會說，這個教學模式本來就是設計用來幫助弱勢族群學生提升學習成就的，所以只提供弱勢族群學生參與。好吧！那國內中小學校的本土語言課程呢？姑且不論選讀本族語言的學生，有無因而增強本族的語言能力及族群認同，那些沒有本族語言課程可選、只好任選一門他族語言課程的小孩，特別是漢人族群或外省人子弟，有無任何科學評量數據顯示，隨著修課的進程，他們對於所選的課程以及該課程所屬的族群，在認知及情意兩方面的表現，皆有顯著的正向成長？以下，再舉幾個優勢族群參不參與都無所謂的例子，進一步作些說明。

首先，臺灣的多元文化課程有個很典型的「貢獻模式課程」，就是學校可能設置「原住民週」之類的活動課程，內容包括原住民主題園遊會、傳統文物及生活圖片展等等。教師可視教學需要，帶領學生參觀，學生也可自行前往瀏覽。這些活動由於無須考查學習成績，即使現場有專人講解或示範，比較願意投注精神傾聽、觀察、詢問而有心得者，可能要以原住民學生居多，其他的孩子頂多當作休閒性質的知性之旅，走馬觀花的多，離開現場後，記不住幾樣事，也可能沒什麼深刻的感觸或感動。這樣的課程，何以增進族群之間的理解與交流！

其次，社會教育方面，臺灣有個政府出資捐助成立的「原住民族電視臺」，我因為和原住民教育研究的淵源，有時候會刻意看看這臺的節目。憑良心說，品質還可以，對原住民有交情的漢人應該會感興趣閒時抽暇觀看幾回。可是該臺的經營模式，由其

製播的節目內容看來，好像比較照顧自家原住民的需求，而不太在乎「異族」閱聽人的感受。所以，絕大多數的漢人族群拿著選臺器看電視，偶而轉到這臺的頻道，大都停留不久，甚或立刻換臺。既然花了公帑，又費心做了節目，何不加強功能，讓其他族群的人看了也有「深得我心」、「惠我良多」，或是「可與同樂樂」的共鳴，如此豈不有益族群關係的自然融合？

最後，以族群之間能否綢繆、奠立互信互諒的關係來說，族群認同或族群文化認同之類的調整及重建工作，應該是最關緊要的基礎工程。然而這項工作，幾乎也是優勢民族充作壁上觀的弱勢族群獨角戲。這或許是因為弱勢族群，如臺灣的原住民，長年受盡強大外力的殖民或壓迫，心中累積憤怒與怨恨不說，整個本族文化認同也遭擠壓變形。他們的生命當中，以及整個家族的歷史記憶當中，多少都有一些不易抹去的「認同汙名」，迫使他們不願承認自己的族群身分，甚至有的時候還附和優勢族群的鄙視，回過頭來看輕自己和自己的族群。因此，要弱勢族群擱下既往的嫌隙，跟優勢族群發展友誼，甚或「一家親」的關係，他們需要克服的難題和傷痛，一定更多，需要忍讓和犧牲的地方，也一定更多。

本世紀初，我發表過一篇有關原住民文化認同的論文，根據實地訪查的結果，歸納臺灣原住民的族群文化認同有自治型、涵化型、融合型等三種型態。自治型的原住民，傾向回歸本族文化認同，涵化型的傾向擁抱優勢族群文化，融合型的則希望兼納優勢文化與本族文化，共冶於一爐。比較起來，自治型的族群文化認同，可說是對優勢族群壓迫的反彈，可能存有不易實現的分離意識；涵化型的族群文化認同，可能代表習慣了優勢族群的統治，漢化程度較深；融合型的族群文化認同，則是多元文化學界

最樂見的雙文化認同，認為最有助於族群關係的和諧發展。

　　整體來說，對照上述的研究發現，臺灣原住民經過 1980 至 1990 年代的還我土地、正名等民族自救或民族權利促進運動，以及政府透過《憲法增修條文》中的原住民正名和尊重多元文化條款，以及頒布施行《原住民族教育法》、《原住民族基本法》等善意回應，他們的民族自尊和自信已日益提升，不再隱藏自己的族群身分，泰然走上族群文化認同的重建道路，雖未盡善盡美，卻也可圈可點。然而，優勢族群呢？

　　其實，不只臺灣，世界各地的優勢民族一個樣，看著身邊風起雲湧的多元文化浪潮，對於是否跟著調整或重建自己的族群文化認同，反應大都是：不干我的事。從小待慣了優勢的舒適圈，弱勢群體可望而不及的各項特權待遇，他們早已習焉而不察，一切看來都是那麼自然，那麼順理成章，生活本來就該這樣，所以絕大多數的他們，從不曉得，或不認為自己享有什麼優勢，占了什麼便宜。因此，就族群文化而言，優勢族群不論在生活上或學習上，通常只要熟悉自己本族的語言及文化，就能順利成長，從來不覺得有必要接觸弱勢民族的語言和文化，就算不認識弱勢族群的朋友，日子一樣過得蠻好。在這種情況下，希望他們也能發展出兼納本族文化和原住民族文化的雙文化認同，在他們看來，簡直就是多此一舉，還可能抱怨幾句「天下本無事，庸人自擾之」。

　　由於培養雙文化認同，甚或多文化認同，只是多元文化主義的理想，不具強制性，端視當事人的「安身立命」有無需要而定，對於那些覺得沒有需要、或缺乏意願的人，即使我們進行道德勸說，效果恐怕也不大，所以族群文化認同的調整或重塑，眼下也只能鼓勵原住民繼續努力了。展望未來，多元文化教育或該

成爲「全民普通教育」的一環，在中小學所有科目的課程與教學裡，適量融入原住民族的相關知識、歷史、文化及藝術教材，以增進理解，減少猜忌，加速族群關係的正向發展。

二、第二項觀察：獨石論與巨傘論

2007 年我在臺灣師大教育系的《教育研究集刊》上有篇文章，談的就是這項觀察的心得，可供參考。

如前所述，多元文化教育的目的，本是針對族群教育的不平等而發的，想要藉著「尊重文化差異」的論證，打破優勢族群「我族中心主義」的霸權，以促進弱勢族群的教育成就，並增進族群關係的和諧發展。然而這種「反種族歧視」的新思潮，由於符合時代需求，具有高度的政治正確性，廣受歡迎，遂在來不及進行科學檢驗的狀況下，發展勢頭有如脫韁野馬，一發不可收拾。於是，難免出現鑽進牛角尖的兩股亂流：一是弱勢族群也高舉「我族中心主義」大旗，敝帚自珍，我喻之爲「獨石論」；另一是多元文化教育擴大概念範疇，將所有處在弱勢地位的「團體」，都涵蓋進來同舟共濟，我喻之爲「巨傘論」。

（一）獨石論

「我族中心主義」，可能每個族群多少都有些這方面的想望，可是過去大概都是優勢族群敢於明目張膽地這樣宣稱：天下唯我獨尊，我的民族最偉大，我的民族最優秀，所以本族就是衡量、評斷世上萬事萬物的尺度，世上所有族群，皆須以本族爲中心，向本族看齊。更過分的時候，可能還會說：非我族類，其心必異，人人得而誅之，十足帝國主義心態。即使人類來到民主

時代，「我族中心主義」依舊存在，一些強權國家仍時不時露出這樣的心思，爭霸稱雄。但萬萬讓人料想不到的是，反種族歧視的多元文化主義盛行後，標榜「尊重文化差異」以維護本族文化存續的弱勢族群，竟然也有若干成員展現類似、但不盡然相同的「我族中心主義」訴求。

他們爭取的，不是稱霸世界，而是小國寡民的世外桃源，最好能跟優勢族群「雞犬相聞，老死不相往來」，以免再受騷擾和汙染，好生圖個清靜。前頭提到的「自治型」族群文化認同者，便作如是觀。在他們眼中，原住民的文化是最高明悠遠、民胞物與的人道文化，優美、溫暖、篤實，是族人的知識寶典與精神導師。所以他們堅持自己文化的純淨性，不樂意接觸外族的文化，尤其是優勢族群，如漢人的文化，因為過去的歷史經驗斑斑可考，強大的外來文化會無情地輾壓他們的固有文化，造成文化流失和扭曲。

這樣的文化觀，看起來就像把文化當成一矗千古巨岩，質堅性純，卓然獨立於世，巍巍無與倫比，是宇宙間的神聖象徵，只能崇拜，不可挑戰，因此我以「獨石論」喻之。由於「獨石論」的多元文化教育，不免帶有追求自治的分離意識，故在實踐上，他們思思念念的，就是成立原住民族自己的教育體制。這種教育體制在談第一項觀察時，已有討論，這裡不再贅述。以下讓我們談談「獨石論」可能出現的問題。

首先，是關於民族到底是先天「原生」的，還是後天「建構」的？

有回我邀請一位澳洲學者到臺灣講學，她說她是澳洲土著，可是我在機場就一直接不到澳洲土著。因為我的印象，澳洲土著應該長得黑黑壯壯的。到後來很晚了，我發現一位高高瘦瘦的白

人女士，一直在海關出口附近走來走去，我捏著膽子上前一問，是她！我尷尬抓著頭問，妳不是土著嗎？她說，對啊！有什麼問題？原來她是白人爸爸跟土著媽媽的混血，英國姓名、白人長相的她，自認是土著，這是她的自由，她的選擇。見過這種事嗎？她到底是「原生」的澳洲土著，還是「建構」的澳洲土著？

「獨石論」者認為民族是「原生」的，是生下來就決定的，帶有原生的本質，「生為我族人，死為我族魂」，切忌數典忘祖。由此觀之，這位澳洲女教授簡直就是「背骨」，因為照「原生本質論」來講，父系社會論的是父系傳承，母系社會論的是母系傳承，所以她應該跟父親一樣，是英國後裔的澳洲人，而不是什麼澳洲土著。然而，她真是「背骨」嗎？歷史上，有為的君王不是都在號召四海「萬民來歸」嗎？時至今日，「歸化」，或是說「自願同化」於某族，不是生活中常見的事嗎？舉例來說，世界各國的移民或僑民，移居新國度之後，剛開始或許還跟原生國的親友有所聯繫，但出不了三代，大都落地生根，取得僑居國的國籍，跟本族文化漸行漸遠。此外，這裡最適合拿來作個對照的，或許就是臺灣的原住民立委高金素梅。她的父親是來自大陸的退伍軍人，母親為泰雅族，2002 年起以「山地原住民」身分參選，迭獲全臺原住民投票支持，擔任多屆立委至今。高金委員放棄父親的族群身分，依母親血緣承認自己是原住民的情況，不是跟那位澳洲女教授雷同嗎？稱得上「背骨」嗎？

依此看來，原生民族論的堅持，顯然失之狹隘，因而有人轉而探討「民族建構論」的可能性，認為民族或族群或許都有人為建構的成分。最明顯的例子，就是民族國家為了團結內部力量，凝聚國家意識，概都從事「國族」意象的建構。而通常各國的國族意象，又大都是以優勢民族作為代表，像是講到英、美等國，

就會想到盎格魯薩克森人，講到中國，就會想到漢人等等，可是這些國家內部的民族，何止盎格魯薩克森人或漢人。以我們比較熟悉的中國來說，「中華民族」也好，「漢、滿、蒙、回、藏的五族共和」也好，還不都是人為建構出來的。回到個人層面來看，一個人的族群身分認同，可能因為生活經驗或生命歷程的差異，例如婚姻、移民、宗教、戰爭、政治意識型態等緣故，產生不同的領悟和需要，因而作出不同於「原生本質論」的抉擇。民主時代，個人的族群身分，理該留給民眾較寬的自行建構、自由決定空間。

至於「獨石論」之所以認為人的族群身分源自先天原生的本質，主要是因為其所主張的「我族中心主義」，具有濃厚的集體主義色彩，而最有助於鞏固這種集體想像的，莫過於民族血脈相連、血濃於水之類的說詞。於是，「獨石論」乃刻意藉此拉抬「我族」暨「我族文化」的位階，讓其凌駕一切價值，成為至高無上、不容挑戰的集體圖騰。如此一來，個人幾近消失，所有的地位、意志和權利，都要接受集體節制，「犧牲小我，完成大我」，以「無我」的精神為「我族」奉獻服務。像這樣的「我族文化」，以集體的族群權利，壓制個別「族人」自主判斷、自由發展的權利，在民智未開的封建年代，或猶可為，來到民主思維已深入人心的今日，焉有回頭路可走！

除了以集體意識壓制個人權利，「獨石論」的「我族中心主義」，還具有畫地自限的排外傾向，對於優勢族群尤其戒慎恐懼。持此論調的弱勢族群，認為外來的文化會給他們固有的文化摻上雜質，不再純淨，不再「原汁原味」，也不再舉世無雙，所以寧願守著「我族文化」，與世隔絕，飄飄乎遺世獨立。可是他們忘了，一個文化若是閉關自守、故步自封久了，缺乏外界

交流，無法注入新血、新元素，便只能「近親繁殖」那樣的代代傳承，代代耗損，進而加速「我族文化」的半衰期。須知滄海桑田，世事變幻無常，一個有自信的文化，應該敞開胸懷，廣納百川，隨時接受外來潮流的挑戰，從外界變遷獲得新靈感、新思維的啟發，截長補短，帶動「我族文化」日新又新，湧立潮頭。所以總的來看，「獨石論」的「我族中心主義」，其實就是扛著多元文化的旗幟，關起門來做皇帝，對外，反多元文化，對內，壓制人權，斲喪文化生機。

（二）巨傘論

如果說，獨石論是我族中心主義，那麼「巨傘論」就比較像是「文化邦聯主義」。目前世界上，有些政治性的正式邦聯組織，例如歐盟、大英國協、獨立國協、東南亞國協等。這些政治邦聯，主要是為了促進共同的安全及合作目的而成立，組織結構相對鬆散，就算設有中央公共事務機構，也不具國際法主體資格，不享主權，相關的法律和政策，對成員國缺乏絕對的約束力或強制性；國家主權仍在個別成員國身上，他們各自擁有獨立自主的內政、外交、法務及國防權力，對於是否進、出邦聯，相對自由。「巨傘論」的立論基礎，是想擴大多元文化主義的保護傘，「廣納孤寒、盡蔽弱小」，希望在既有的民族、族群之外，也對所有受到壓迫和歧視的團體或群體，包括在性別、階級、宗教、身心健康等各方面居於弱勢、不利地位者，伸出友誼之手，乃以「多元文化」之名，豎起「呼群保義」大纛，將大家集結起來，組成聯盟，共同合作爭取平等人權。當年有段時間，我惑於這種說法，覺得邏輯不太合理，思之再三，慢慢發現「巨傘論」的味道，似乎有些像「拉幫結派」的政治邦聯，於是遂以「文化

邦聯主義」比喻之。

今天這個演講場合，我們沒有足夠的時間逐一分析，或統整討論民族這種群體和其他各類群體的關係，譬如，以族群、性別、階級為例，三者之間，究竟是各自平行獨立的關係，還是彼此盤根錯節的關係？甚至說，三者之間，有無主、從之別？是族群文化決定性別和階級的不平等，還是性別文化影響族群和階級的不平等，或根本是階級文化主導一切不平等？

「巨傘論」最大的問題，在於把所有的弱勢群體都納入「多元文化」旗下，卻不以「多元文化」所強調的「尊重文化差異」理念及策略，處理所有弱勢群體的不公平待遇，有時反而回過頭來要求「改造」族群既有的文化。我們前面提到，各位應該還記得，當初世界各國推動多元文化教育的原因，是想了解弱勢族群的文化及其身分認同，是如何影響該族學子的學習表現和族群關係，希望找到其中關鍵，因勢利導。所以，這改善之道必須從「尊重」他們的文化差異，以及「恢復」他們的民族自信及族群文化認同入手，而不是「改造」他們的文化或認同。

可是，多元文化的對象，若在族群之外，增加性別、階級等等其他群體的話，整個概念就會出現矛盾。以性別為例，若要講求性別平等，在當前絕大多數的父系社會裡，不論優勢族群或弱勢族群，都要「改造」，而非「尊重」他們男尊女卑的傳統文化，俾建立性別平權的新秩序。再就階級來說，「英雄不論出身低」，我們固然「尊重」弱勢階級，如勞工、農漁民的文化，但我們更會鼓勵他們尋求「改變」，把握教育機會以及社會認可的各種管道，力爭上游，向上流動，以脫離弱勢地位，「晉升」中上階層。世上遭受不平等待遇的群體很多，「巨傘論」的文化邦聯主義，嘗試把這些群體串聯起來，相互打氣，共享資源，協

力爭取平等，本是好事。只是，不同群體的不平等成因，不但有異，甚至互有衝突，必須對症下藥。「尊重文化差異」的多元文化理念及策略，或許有助於紓解族群不平等的問題，但顯然不切性別、階級不平等問題的需要，名實不符地套用，便犯了範疇失誤的毛病，不但邏輯上講不通，實務上也不可行，反而還給多元文化本來的概念添麻煩。

三、第三項觀察：文化差異與文化生態

我對多元文化教育的第三項觀察，就是多元文化教育的視野，過度集中在文化差異上面，忽略了更大範圍的「文化生態」問題。我在前頭提到的兩篇文章裡，也約略談到這項觀察，可供參考。

（一）文化差異

教育的工作，若想做好，不但要回應學生的個別差異，還要回應他們的社會群體差異，也要回應他們的族群文化差異。多元文化教育的基本前提，即在肯定族群文化差異，並回應族群文化差異，以提升教育成就，促進族群關係。「文化回應教學」，便是多元文化教育領域相當倚重的方法，用以回應族群文化在學生認知、溝通、工作或學習以及價值判斷等形式上，所造成的差異。

比如說，有些族群的認知思考比較傾向科學式的分析推理，有些則屬於自然式的直觀，場地依賴成分較重。有些族群的時間觀，是直線式的由過去，經過現在，走向未來，過去的就過去了，不會再重複，但可殷鑑未來；有些則比較像是四時運行那樣

循環不已，只要是在過去發生過的事，永遠都存在，甚至形成禁忌或禁地。

有些族群的價值觀，比較個人主義，鼓勵自我表達，有些則傾向集體主義，比較鼓勵完成大我。現代主流的師資培育模式，大都是個人主義取向。有研究指出，當受過這樣訓練的師資，來到集體傾向較高的族群教書，在班上讓學生個別朗讀課文，或誇獎學生個別的表現時，可能會尷尬地發現，朗讀者嘰哩咕嚕，發音不清楚，音量也不高，受誇獎者則低著頭，好像很不好意思，挺難受的樣子。可是當老師改個方式，讓全班一起朗讀，氛圍完全轉變，學生讀得整齊劃一，興高采烈，而誇獎個別學生時，也連帶誇獎全班同學，讓全班一起鼓掌慶功，這時那位受獎的學生便得意了，因為他榮耀了全班。「文化回應教學」講究的就是這個，來到集體主義的社會就用集體的方式帶學生，成功的機會較高。

不同族群文化養出來的孩子，舉止儀態都不一樣。像是美國回來的孩子，聽到音樂，身體、四肢，還有頭，都跟著搖擺，邊唱國歌邊嚼口香糖，沒有音樂時，也有一下沒一下的抖著腿。臺灣的孩子，不至於如此，從小要求站有站相，坐有坐相，不該插嘴的時候不插嘴，該你講話的時候才可以講話。有些族群會強調，與人講話時，不論對方是長輩、同輩或晚輩，眼睛都要友善地平視對方雙眼，表示尊重；有些則會規範晚輩跟長輩講話的時候，不可以平視長輩的雙眼，要避開長輩的目光，盯著長輩講話，有挑戰長輩權威之嫌，是不允許的。如果有位來自前者文化的老師，跟來自後者文化的學生講話，老師殷殷切切，學生卻不敢平視長輩雙眼，看著天，看著地，看著窗外，就是不看老師，請問這位老師若無跨文化的理解，會作何感想？文化上的誤會或

誤解，會影響師生之間的溝通與交流，連帶影響教學成效。

一個人的學習裡頭，有很多的潛質，來自他的族群文化，所以要從他的文化切入，從他的文化出發，才會了解他爲什麼展現某些特定的行爲，然後，我們也才有可能引導他學習我們要教給他的東西。當他透過這樣的學習，接觸新的文化模式，還要幫助他在本族文化和外來文化之間，找到自己的綜合之道。而不是說，在他學會主流社會的文化，或是當代流行的事物，便忘了自己原來的文化，那就不好了。諸如此類的「文化回應教學」，是以文化差異爲基礎，自問世以來，得到不少支持，但也引發不少顧慮。

有人認爲，就像其他教學方法一樣，「文化回應教學」也不是放諸四海而皆準的唯一教學模式，況且任何民族也不可能只適用一種教學模式，因爲在文化之外，還有其他影響教學的因素，包括階級因素、性別因素，以及個別身心特質因素等等。就算有些民族成員特別適合「文化回應教學」，也須配合其他方法，多層次、多方面地啓迪智慧，否則在本族文化的舒適圈內待久了，思維和學習都可能僵化，目光如豆，不知變通，識見淺薄。

（二）文化生態

人類學家也從「文化生態」的觀點，提出批評，認爲只注重「文化差異」，不見得能夠解決弱勢族群或少數民族的教育問題。從文化生態的角度來看，可將少數民族分成兩類，一類是自願性的少數民族，另一類是非自願性的少數民族。

這裡，我們先說非自願性的少數民族，因爲一個民族之所以成爲少數民族，或弱勢族群，通常都不是出於自願的。非自願性的少數民族指的是誰呢？首先，是傳統生活領域被占領、被征服

的民族，美國境內的印地安人、加州南部的西班牙語裔、紐西蘭的毛利人、臺灣的原住民等，都屬於這一類。這些原住民族原來在自己的家園裡面一代傳一代，安樂從容，優游自在，日子過得好好的，然後，轉瞬間，就好像一覺醒來，不再風和日麗，天全變了。家鄉換了主人，成了別人的國家，升起新國旗，唱起新國歌，講得也是新國語，熟悉的生活一去不回，換來的卻是永無止境的無情欺凌、打壓、脅迫和哄騙，日子變得艱難無比，族人的人格和文化也受盡揶揄、歧視，扭曲變形，生命充滿悲痛、憤怒和仇恨。

其次，非自願性的少數民族，還包括世界各地遭到人口及奴隸販子擄掠，或誘拐，然後運往外地販賣的強迫性移民，或非自願移民，美國的黑人、華人口中被人拐賣至外國做苦工的「豬仔」，便屬於這類。他們的處境，甚至比前述的原住民族還要悽慘。好比說，當年的美國黑奴，他們的身分不是「公民」，而是「奴隸」、「貨物」，或美國白人可自由買賣、轉嫁的「財產」。他們原本好好生活在非洲大陸，也是有一天，突然來了船堅炮利的白人，不由分說地抓他們上船，當成貨物，從西非港口橫跨大西洋，運往美洲，特別是美國東南部海岸，按品相待價而沽。幾百年暗無天日的奴隸生涯，即使經過 19 世紀的南北戰爭和 20 世紀的黑人民權運動，也解放不了他們悲情歷史裡頭厚厚累積的民族血淚，白人長年的欺壓與折磨，讓他們看不見未來，前途茫茫無助，因而悲觀絕望、憤世嫉俗，對於白人，他們心裡沒有信任，只有滿滿的怨懟與敵意。

以上兩類的非自願性少數民族，由於各種主客觀條件的限制，他們很難離開腳底下這塊讓他們淪為弱勢附屬地位的土地，祖輩已有好些世代，生於斯，長於斯，歿於斯，所以打出生開

始，他們就習慣站在「本國人」的立場，比較自己和其他「同國人」的發展機遇。結果每次的比較，都在重演晦氣的歷史記憶，從過去長長的歷史，到現在生活周遭的社區，看不到幾個有機會按照正規方式冒出頭來的「模範」。現行各項制度，包括教育制度在內，似乎只對優勢族群有利，只在鞏固優勢族群的既有特權，而對本族的語言文化以及應有的「國民」權益，卻是極盡排擠之能事，以致族人的教育成就和職業等級，總是矮人一截，長期徘徊社會底層，缺乏競爭力。因此，非自願性的少數民族不但討厭優勢族群，也非常質疑優勢族群建立的體制能給他們帶來任何好處。

有些美國黑人認為，接受白人教育就像要讓自己「白人化」，如此「背祖」行徑，是可忍孰不可忍。至於印地安人，二、三十年前，我赴西雅圖華盛頓大學進修多元文化教育時，曾親耳聽見常春藤盟校達特茅斯學院來訪的印地安學生泣訴，他們有人暑假排除萬難，千里迢迢返鄉探親，下了灰狗巴士，馬路對面的部落小舖前，站著幾位中學時期的玩伴，態度冷漠，鄙夷地哼哼著，說「洋基北佬」回來了。提到這段傷感往事的年輕印地安大學生，擦著眼淚，小聲的嘟囔，他往後不太敢想像要不要再「回家」了。試問，如果有相當數量非自願性的少數民族都不信任體制，認為接受優勢族群的教育就是反叛，形同投降，那「文化回應教學」能否有效不說，光是能否吸引他們注意，都很成問題。這就是只顧著強調「文化差異」，卻忽略較大範圍、更為巨觀的「文化生態」，所可能出現「見樹不見林」的盲點。

相對的，「文化回應教學」碰到自願性的少數民族，情況可能有所不同。這類的少數民族主要以自願性的移民為代表，例如20世紀下半葉美國境內的東亞移民。他們跟非自願性移民最大

的不同，在於他們知道自己要移民，是自己選擇、自己規劃移民的各項細節。在移民前後，他們會比較「移出國度」和「移入國度」的發展機遇。他們之所以選擇移民，是因為他們認為自己原來的國度，可能發展條件不足，機會有限，為了追求美好生活，他們寧願離鄉背井，自己一人或攜家帶眷，鼓起勇氣移往一個他們經過比較之後，確認可以提供更好的發展條件與機會的地方。移民之前，他們便清楚，到了新的國度，由於人種、語言、文化不同，一切都得重頭開始，必須忍受歧視與清苦，盡快學習當地語言，融入當地生活，認同當地文化，以當地人成功的方式，造就自己及家人成功的未來。心理建設穩妥後，他們便帶著自己的語言和文化，移居新國度，展開新的人生奮鬥旅程。由於準備充分，通常他們成功的機率較高，看在當地優勢族群眼裡，這群東方人，書讀得好，專業程度高，收入不差，日子舒適，尤其又能在本族文化之外，兼顧當地優勢文化，這種雙文化認同的成功案例，簡直就是少數民族的典範。

所以，對這類移民的第一代，特別是跟著他們一起移民的第二代來說，由於還不是那麼熟悉當地主流的語言文化，所以當學校提供「文化回應教學」的服務時，大都欣然接受，感激不已。我在西雅圖進修時，讀小學五年級的犬子跟著我一道去，他只在臺灣讀過短期的英語補習班，聽說讀寫功夫差了好幾把火，我在登記入學時，把這狀況跟學校說了。開學第一天，校門口站著一位雙語老師等著他，我不知道老師怎麼教的，只知道半年時間，小兒的英語能力已提高到可以自行閱讀四年級程度的讀物，真是令人驚奇。所以，「文化回應教學」或許在自願性移民身上，比較受歡迎，也比較看得見效果。

不過，必須注意的是，自願性移民的第三代以後，可能就是

生在當地、長在當地、具有該國國籍的「本地人」，他們會不會也跟前述的美國黑人或印地安人一樣，開始比較自己與「本國」其他族群的發展機遇，發現自己沒有優勢族群那樣的待遇，因而產生懷疑。對此，已有識者提出討論，值得警惕。此外，「文化生態說」也提出類似之前第一項觀察的警醒，就是我們對弱勢民族學生的語言及文化差異，所做的研究還不夠澈底，可能不足以捕捉真正造成學習問題的癥結，必須繼續努力。

結語

　　因為時間關係，我這三項觀察就講到這裡。第一項觀察是多元文化教育有兩大目的，一是提高弱勢族群的教育成就，另一是促進族群之間的和諧關係。第二項觀察是多元文化的論證邏輯，已經出現兩個偏鋒，一是有的弱勢民族形成我族中心主義，我稱之為「獨石論」，另一是有人把多元文化的概念過度擴大，類似文化邦聯主義，我稱之為「巨傘論」，這兩個偏鋒，都有破洞，不夠周延。第三項觀察是多元文化教育只從文化差異入手，不見得可以幫助解決問題，還須注意文化生態的概念。以上三項觀察，敬請指教。

　　最後，想再補充說明一點。我們以上談的，主要是從族群文化的觀點，討論族群教育不平等的問題。可是，族群教育之所以出現落差，除了文化差異、文化生態的影響外，還有很大的成分，可能跟家庭生計有關。相信大家身邊都能看到很多實例，甚至自己身上也有親身經驗，當然，更有不少研究發現，一個人若能掌握教育機會，成功向上流動，由勞動階級進入中上階級，家庭文化資本會跟著改變，家庭教養方式也會隨之改變，變得越來

越有利於子女的教育發展。其實，不只子女的教育成就提高，在族群與性別平等方面，也會帶來顯著的改善。

　　我們之前提到的「資本主義種族秩序」概念，顯示弱勢族群若能翻轉階級，受過大學教育，是個專業人員，別人自然敬他三分，不論優勢族群或他自己，都會因而尊重他的族群語言及文化，因而肯定他的族群身分認同。我指導過的學位論文，以及國內外的相關研究也指出，中上階層的家庭，性別之間比較具有平權的觀念和作為，不致獨厚男孩，可是較低階層的勞工家庭裡，男尊女卑的現象就比較明顯，女孩受到的關注不如男孩。準此以論，弱勢族群教育不平等的問題，不能只有學校在課程與教學裡，應用文化差異及文化生態領域的研究成果，提升學生學習成就，促進族群和諧關係；政府主管部門在經濟方面，更需同時制訂可行政策，積極扶貧、除貧，有效提升家庭生計力量，務期生活無虞，不同族群的家長們，才有餘裕公平地關注子女的教育與生涯發展。

6

Freire 團結教學論在師生
倫理上的蘊義

李奉儒教授
國立中正大學教育學研究所教授

講演時間：2022 年 3 日 23 日
講演地點：國立臺中教育大學求真樓 K107 演講廳

壹、緒論

　　現在還要談師生倫理嗎？我想教育多多少少都會有倫理、道德的成分，尤其是在師生之間。首先，釐清一下道德與倫理的差異，倫理是較偏重人與人之間的關係，所以傳統上父子、夫婦、兄弟都是人與人之間的關係，因此談師生用師生倫理，而不是師生道德；道德偏向個人的道德修養、道德思考、道德判斷，德國哲學家 G. W. F. Hegel 最早提出這樣的區別。師生倫理可以從很多層面談，多年來我較關注批判教學論，特別是 Paul Freire 的教育思想。Freire 在 1997 年過世，2014 年有兩本遺作出版，一本是《團結教學論》，另一本是《承諾教學論》。我看完之後發現臺灣教育學者頂多注意到其 1998 年的遺作：《自由教學論》、

《教師作為文化工作者》、《政治與教育》，而 2014 年所出版的遺作在臺灣比較沒有受到注意。因此我才想說有機會要把他後續的遺作進行探討，包括幾位學者在這本書內對遺作的討論，今天就來分享我的讀書心得。

我一直以為我是 1991 年到英國才認識 Freire，在 Reading 大學教育學院攻讀教育哲學博士時，我的指導教授 Roger Straughan 說：「你兩、三個禮拜來跟我討論，對於你的英文沒什麼可以更提升的地方，建議你去旁聽哲學系的教育哲學。」因此，我在教育學院旁聽指導教授在碩士班的教育哲學，同時也旁聽了哲學系大學部的教育哲學，兩邊真的是很大的不同。哲學系上教育哲學不像我指導教授在教育學院上的，所謂的教育分析哲學這學派，哲學系的教育哲學是屬於重要議題，課程會談女性主義、Freire 的「受壓迫者教學論」。當時我想說這個人到底是誰？後來才去看了他的書。1998 年暨南國際大學比較教育博士班成立，我跟第一屆博士班學生開設了「批判教學論」這一個課程，本以為 1991 年是我第一次跟 Freire 的邂逅。我的指導教授——楊深坑教授在去年（2021 年）8 月 29 號過世，我在整理 1987 年上楊老師碩士班課的筆記時發現，楊老師在課堂上也講過 Freire，特別講到 Freire 對於師生關係的討論，所以其實我比原來更早五年就知道 Freire，雖然楊深坑老師當時已經在介紹 Freire 的想法，但那時候它不是主題，所以在我的筆記裡面就只有兩、三行而已。可是我很高興發現，Freire 不是只有我注意到，我的恩師楊深坑教授也注意到 Freire 從實踐性行動中找到師生間的教育關係：「教師不僅是教人，在對話中也被教……，教師和學生彼此為教育過程擔負責任」，並且在課堂上把它引用進來。這也是我今日要分享的師生倫理關係。

Freire 被稱作 20 世紀最傑出的教育學者之一，他是草根教育運動的提倡者，事實上他在巴西成長，本來是律師，後來去當老師。巴西當時有高達九成是文盲，所以他在擔任葡萄牙文教師的過程中，透過他自創的「識讀方法」在整個巴西推動成人識字運動。他也是一個熱情的進步主義者，他一直抱著希望，認為人總有可能性，人類不要被歷史侷限，只要我們願意努力，明天會更好。他也是不妥協的民主主義者，1964 年巴西軍事政變推翻原來的民選政府，Freire 兩度被抓進監獄，後來因國際輿論壓力被釋放出來，但是把他放逐到巴西之外的國家，因為他不願意跟這個軍事獨裁政府妥協，他還是堅持他的自由理念。Freire 也是不後悔的基進改革者，被放逐的十六年期間，他到過中南美洲各國和美國，利用機會跟他所面對的群眾、大學裡面的師生分享他的教育理念，也因此擴大了他的影響力。Freire 是最具重要意義的解放哲學家之一，因為他認為透過教育其實是要尋求一種解放，這種解放指的是一種心靈、思想觀念的解放，不要被傳統、專制、獨裁所框住。

1965 年哈佛大學教育研究中心邀請 Freire 擔任訪問學者，他在《哈佛教育評論》發表了兩篇文章，引起了美國教育界人士的注意，他的教育思想擴展之後，影響到後來的 Henry Giroux、Peter McLaren、bell hooks，這些人也陸續投入 Critical Pedagogy 的研究，所以他是批判教學論的先驅，他的名字等同解放、自由、對抗壓迫，他的成名作是《受壓迫者教學論》。《受壓迫者教學論》是在談怎麼去對抗壓迫的結構，這本書在 1970 年以英文出版，2020 年有五十週年的修訂版，我們國內有這本書的中文翻譯，現在臺灣師大教育系的方永泉主任花很多時間才完成翻譯，不過他根據的是三十週年版的。McLaren 在 Freire 1997 年

過世之後，寫了一篇追悼文，追悼文裡，他提到 Freire 在美國的影響：「自由的進步主義者受到其人文主義的影響；新馬克思主義者認同其革命的實踐；左派學者鼓吹其批判的烏托邦主義；保守主義者也尊重其對倫理學的重視。」在此引用 McLaren 的文章，可以看到美國教育學者是怎麼評論 Freire，也彰顯今天這個主題的確還蠻重要。我挑選這位被認為 20 世紀最具有影響力的教育學者之一，看看他的《團結教學論》，可以怎麼進一步引申到我們未來的師生倫理上面的探究、互動的活動。Freire 對學生就像對朋友一樣，我也一直認為是這樣子的，課堂上短暫的我們是師生，下了課之後，大家就都是朋友了，更不用講到畢業之後，大家也都是朋友相交。

Freire 在 1996 年到美國的 Northern Iowa 大學演講，主題就是團結教學論。後來 W. de Oliveira 把演講稿、Freire 的遺孀 Ana Maria 和幾位學者的評論匯整成這一本《團結教學論》。在這一本《團結教學論》的編輯序言裡面，Oliveira 推崇 Freire 是 20 世紀最傑出的學者之一、對全世界具有強大影響力的教育者，他的哲學教導協助我們理解，不僅是在教育方面，而且是對於人類境況自身。他晚期對全球化、生態環境的變化，也都提出個人的看法主張。澳洲學者 P. Roberts 認為 Freire 作品的範圍和影響力，只有少數的教育學者能夠跟他並駕齊驅。剛剛提到了他批判教學論影響到最大的是 Giroux，Giroux 也在本書前言裡面特別提到：「Freire 將他自身的放逐轉化成為使命，而非是命運；將厄運轉化成為世界著名且面向全球聽眾演說之知識分子的機會」，所以有時候我們說危機是轉機，禍福相依。要不是因為軍事政府驅逐他十六年，他也沒有這個機會去遊歷各地，甚至以成人識字運動幫助中南美洲很多的國家。也是因為這樣子，他真的掌握到一種

使命、一種教育的神聖使命。

　　我這篇文章有部分其實在去年紀念 Freire 百年冥誕的研討會中曾發表，不過這次還增加了蠻多新的內容，今天跟各位分享主要是兩個議題：一是分析跟詮釋 Freire 教育哲學的基本課題，另一就是理解與闡釋團結教學論在師生關係上的蘊義。要談 Freire 的團結教學論，還是要回歸最基本的學說重點、理念的發展、關注的面向等，清楚認識背景之後再進一步看看他的團結教學論。這樣的話，我們可以思考怎麼應用到全球化時代的教育改革，增進教師批判、轉化的能動性，找到通向師生團結倫理的方式，最後達成自由民主社會的希望。今天臺灣各種聲音都有，這讓我認為 Freire 的學說主張是一種清流，可以給我們帶來一些希望。

貳、Freire 教育哲學的基本課題

　　回到 Freire 的教育哲學基本課題，第一個就是要了解為什麼 Freire 會這樣主張？這是因為他的本體論，他主張人是一種歷史性的存有，我們參與在創造與再創造我們人性的持續歷程中。我一直很喜歡他這一句話：「我們是不完美的存有，我們是未完成的存有。」人一直在持續的生成變化中，我們還沒有到達終點，所以我們是不完美、未完成的存有，我們不要自我滿足，每天都要努力使自己進步。Freire 這種本體論的觀點解釋了教育為什麼要存在，我們接受完小學教育、中等教育、高等教育、碩士、博士學位，甚至還終身學習，就是因為我們人的這種未完成性。在2014 年的兩本遺作之一《團結教學論》這本書中，他問了幾個問題：教育是什麼？他說我們問出這個問題，就是在詢問我們在世界上的存有性，進行教育的必要性和可能性，所以我們需要去

接受教育，身爲歷史的存有，我們要參與創造與再創造人類生存本質的一個持續歷程。在這邊我用六個子題作爲 Freire 教育哲學的基本課題，教育即自由的實踐、教育即文化行動、教育即對話與解放、教育即希望與可能性、教育即政治，還有教師作爲文化工作者。這幾個子題有的是來自他的書名，以此當作他的基本課題。

一、教育即自由的實踐

不只 Freire 以「教育即自由的實踐」當書名，剛剛提到 bell hooks、Maxine Greene 也寫過教育即自由。事實上這是他的第一本書，1969 年在智利以葡萄牙文出版，英文翻譯本比 1970 年的《受壓迫者教學論》晚出版，本書的英文譯本收錄於 1973 年的英文版《開展批判意識的教育》的第一部分。

《教育即自由的實踐》一開始說爲了要轉化巴西的「沉默社會」，要通過教育來促使廣大的農民喚醒出批判的覺察。他的思想是在他的母國巴西——沉默社會裡面發展出來，爲什麼沉默？Freire 說失去了希望，所以才沉默，當時整個巴西社會 10% 的貴族、90% 的農民，不識字的一輩子就是面朝土地、背朝天的，好像他們的命運就是這樣子而已。Freire 不忍心看到這樣的情況持續惡化，所以希望透過教育讓農民可以透過識字運動開始認識文字，透過認識「文字」（word），他們可以認識「世界」（world）。

Freire 界定的自由不只是個人的自由，是要跟他人一起去形塑影響我們生活力量的自由。I. Berlin 提到兩種自由：積極的自由（freedom to）與消極自由（freedom from）。Freire 也有類似

主張，自由不是說我想吃就吃、我想玩就玩的自由，舉例來說：我們的生活可能被某些新聞媒體、商品廣告主導，我們要怎麼把它重新改造——freedom to。另外他指的就是他的祖國——巴西，要免於壓迫性的危險結構的自由——freedom from，免除苦難、貧窮，還有文盲這種狀態。

二、教育即文化行動

1975 年出版的《爭取自由的文化行動》是他發表在《哈佛教育評論》中兩篇文章組成的，Freire 在那個時代對於壓迫、文盲的關注，擴展了很重要的一個概念：「Conscientization」。楊深坑老師翻譯作「意識化」，我想「意識化」可能不是很能清楚掌握，因此我個人把它稱作「意識醒悟」。在《受壓迫者教學論》裡面，英文翻譯者提到不能翻譯做「意識的覺醒」，所以我不用意識覺醒，不僅是要醒還要悟。Freire 認為應該還要採取動作，他把意識醒悟再進一步分為三種：半未轉移意識、素樸轉移意識、批判意識。何謂半未轉移？就是英文動詞裡面不及物動詞（intransitive），意識跟世界還不是完全接觸的，所以你沒有辦法進一步去轉化這個世界。

我國 2002 年由全國教師會在 9 月 28 號教師節，號召了六萬名教師走上街頭，他們可能就是處於半未轉移的意識狀態。老師對自己的教學、工作條件、薪水收入大概都還可以接受，偏偏政策刺激到老師，讓老師終於跟真實的世界接觸了，他們從這種半未轉移意識進化到素樸轉移。為什麼會說只是到素樸轉移意識？當年不是中小學老師自己說不要納稅的，是政府一開始就同意，但是現在又汙名化老師，所以老師喊出口號要「還我納稅權」，

所謂的 18% 優惠存款利息，只是把本來該給老師的待遇先扣回一部分，等到他們退休的時候才補回來。然後，整個結構環境改變了，讓老師們意識到：為什麼我的生活世界是這樣子的？接著政府就趕快出來安撫，說「扣多少、補多少」，以至於 2003 年號召老師走上街頭的時候只剩下六千人，所以我才說他們大概還處於素樸轉移階段，他們還沒完全感覺到這個結構制度有什麼不公平、不正義的地方，政府都已經答應給我們補足，很多人就打消念頭。2002 年第一次走上街頭時提出的四大訴求，我倒是認為那四大訴求真的有批判意識，一個是「團結組工會」，這個有爭議的，到底老師是一種專業，還是只是一個職業？還有一個我印象最深刻的訴求：「脫離工具化」，請國家、政府不要再把老師當作工具，L. Althusser 最早講出學校是意識型態的國家機器，幫政府灌輸執政黨的意識型態，想影響我們的小孩子，我認為這個訴求已經達到批判意識。

Freire 非常肯定批判意識的價值，他以批判意識作為最終的進程，有時候大家看到批判有點怕怕的，幹嘛要批判？楊深坑老師是希臘雅典大學哲學博士，他說古希臘所謂的批判是類似醫學的解剖，他們把人體的生理結構透過解剖區辨清楚，所以批判在古希臘文指的是分辨清楚。到了德國啟蒙運動，I. Kant 有三本重要的著作，《純粹理性批判》、《實踐理性批判》、《判斷力批判》。為什麼 Kant 有這三大批判？在德文裡面的批判，指的是把已經脫逸、脫軌的拉回來正軌，「批判」從頭到尾沒有不好的意思。因此批判意識也是同等的意思，我們希望看到一些錯誤的、虛幻的、甚至神奇的（半未轉移意識又被 Freire 叫做神奇意識，指很多事情搞不清楚，然後說是神的指示，都不會尋找科學的分析證明），批判意識會引導你去尋找證據，在跟人家討論時

有理有據。

　　教育即爭取自由的文化行動，就是要對抗那些使人性退化的結構還有實務，什麼會使我們人性退化呢？以前的公司有著性別歧視，這是使人性退化的結構，要去對抗。Freire 提出了兩個文化行動的要素：denunciation 和 annunciation，denunciation 我翻譯成「公開譴責」，公開譴責那些設了藩籬、歧視的，譴責的目的是要拉回正軌，這不能只是譴責而已；annunciation 我翻譯成「公開宣告」，亦即公開宣告可能的矯正方法，希望怎麼進一步改善、如何修正原來錯誤的路線。後來 Giroux 根據 Freire 的公開譴責和公開宣告，發展出「批判的語言」跟「希望的語言」，把批判語言當作是一個公開譴責，把希望語言當作是一個公開宣告。

三、教育即對話與解放

　　Freire 很多的著作是用對話方式完成，像是 Ira Shor 跟 Freire 合著的《爭取解放的教學論》，Shor 受 Freire 影響很大，而且 Shor 在整個批判教學論的學者裡是比較特別的，因為他的書都是從學生的角度出發，不像 Freire 比較從老師的角度。Shor 提出了一個非常有趣的名詞，叫做「西伯利亞症候群」，描述他在美國社區學院上課的時候，學生一進來先往最邊遠的地方坐，最邊遠的地方被坐滿了，才不得不往中間坐。

　　Freire 說人類世界本來就是一個溝通的世界，透過對話使我們成為人類存有的這個歷史進程的一部分，而這樣的歷史不是宿命的決定，它是透過對話不斷在發展的。各位仔細回想一下，希臘三哲裡面的 Socrates，他沒有著作，Socrates 的想法或主張是

透過 Plato 的對話錄記錄下來，我們透過 Plato 的記載才看到，Socrates 運用一問一答的詰問法讓奴隸小孩懂得幾何學概念。在東方，孔子的很多思想是呈現在《論語》中，《論語》也是記載他跟學生一問一答的對話錄。

Freire 認為，對話是教育的基本、自由的實踐，我有這樣的自由才能夠去跟你進行對話。一直到現代，J. Habermas 寫了《溝通行動理論卷一》、《溝通行動理論卷二》，也是認為人與人之間最重要的是溝通。M. Gadotti 專門為 Freire 學說思想翻譯成英文，他認為關於對話的主張在強調團結性，對話會把老師跟學生密切的聯結、共同的認知，還有再認知學習的對象。

《受壓迫者教學論》主張人類存有的使命就是要成為主體，我們透過對話喚起受壓迫者為解放自身奮鬥，而且加以轉化。Freire 認為人跟一般動物不一樣的地方，動物都在適應世界，而人是進一步轉化世界的。《受壓迫者教學論》提出傳統教育是「banking education」，然後他提出來「problem-posing」。他反對傳統教育的輸入、儲存（填鴨式教育），他認為這種傳統教育是壓迫的、獨白的、問題解決的、教師世界觀的；教育應該是一種解放（liberate 的字根就是自由）的 problem-posing，這種提問式教育是對話的、提出問題、由學生的世界觀來組成，老師跟學生是對於實在界批判的共同探究者，地位是相當的而不是上下垂直關係。

提問式教育可以促進學生的直覺好奇心，這是身為人類存有的特徵，閱讀同一篇文獻，每個人提出的問題不完全一樣，那種課堂真的很精彩，儘量在課堂教學中，讓學生對於在討論的議題產生關聯，他是付出一定的精力，所以會想參與其中，成為共同探究者。儲存式的傳統教育，學生是接受訓練，基本上他們承受

壓力，而且削弱他們的學習能力，但是提問式教育不是這樣的，同學會有好奇心，使他們想在課堂上提出問題，也想聽老師怎麼講，聽一下同學又是怎麼理解的，這是 Freire 為何很強調教育是一種對話的關係。

《爭取解放的教學論》主張教育是我們的基本人權，沒有誰應該被剝奪接受教育的機會。所謂的「解放」是對於壓迫狀況的一種持續奮鬥的歷程，其實我故意翻譯作「奮鬥」，如果是大陸的翻譯會把它翻譯作「鬥爭」，但是我倒也不認為是所謂的鬥爭，而是你要奮起跟壓迫對抗。孫中山先生在北京協和醫院要過世的時候，講了：「和平、奮鬥、救中國」，所以我認為那個 struggle 不一定要翻譯作鬥爭，就是奮鬥。

Freire 說什麼叫真誠的解放？那是種人性化的過程，它不是要在我們身上儲存東西，它是 liberate、讓你自由，是人類對於世界採取行動跟團結，來進一步去轉化世界。Freire 講的是行動還要加上反省，才是所謂的「實踐」，光只有行動沒有反省是 activism，我翻譯作「盲動主義」；光反省沒有行動是 verbalism，我翻譯作「空談主義」，所以行動要加上反省才是真正的實踐。我們要把（行動和反省）這兩者結合才是實踐，而這就是所謂的解放。解放的教育不是資訊的轉移而已，而是認知的行動。

四、教育即希望與可能性

Freire 在 1994 年出版的《希望教學論》為什麼叫做希望呢？Freire 指出希望是要對於那種容忍跟基進的辯護，但是容忍不要跟姑息、縱容相混淆，所謂希望是自然的、可能的及必要的推動力，希望源自於我們人未完成的不完整性，我們尋求在跟他人的

溝通中去實現自己，而所謂的失望就是沉默，失望者會拒絕世界並逃避現實，這是 Freire 的一個假定。希望就是對人類能動性的肯定，教育者任務是向學生揭露希望的機會，不管阻礙是什麼，我們抱持的奮鬥跟改變是有可能的希望。

　　Giroux 說：「沒有希望就沒有批判的教師，沒有希望就不會有任何好奇的學生或是質疑的文化」，所以我們很期待大家都要抱持希望。我總是認爲不要過度的失望，失望就會讓你喪失了任何的動力。希望是一種道德想像的行動，它可以激勵教育者秉持尊嚴、正義跟自由，在權力結構之外，想像不可想像的。教師會鼓勵學生，希望透過學生們的質疑、批判，能夠讓教師學習的更多。《希望教學論》知覺到一個社會從來不會達到正義的界限，必須透過集體的責任把物質跟象徵的資源安置到位，激發民眾的尊嚴，讓他能夠完全自由地宣稱他們的道德與政治能動性，這是 Giroux 對於 Freire《希望教學論》的讀後感。

　　Freire 說未來是一種可能性，未來不是超越我們能力所能影響範圍之外的事物，未來是基於人類能動性的信念，未來就是轉化，對於社會的轉化。Freire 抨擊「沒有希望、沒有夢想以及沒有烏托邦」這種說法，他認爲這些都是所謂的去人性化，是一種意識型態的謊言，因爲我們有可以轉化實在的力量，所以一定有希望在。

五、教育即政治

　　有很多人說教育不是要中立嗎？這邊要強調政治性不是指政黨政治，政治是眾人之事。Freire 重新界定教育的政治意涵，就像 Roberts 指出的，政府對於學習歷程的政策、教師跟學生各自

帶到課堂的經驗、教與學的進行方式、評量與評鑑的實施方式、教育過程經費的應用方式、教與學的物理環境安置、課程中所包含與排除的內容、學分與證照的價值等，都明顯具有政治性質。這就是 Freire 講的教育即政治，不是要談論政黨意識型態的意思。

教育即政治，由上而下行政官僚管理下的學校系統，年復一年建構出新一代的人民，而且在他們的身上訓練出那些符合統治階級所期望的特定世界觀跟行為模式，這不是 Freire 這樣講而已，A. Gramsci 在 1970 年的《獄中札記》書中提出一個大家耳熟能詳的 hegemony「霸權」，我們現在又把它引申到文化霸權。我們今天在學校裡面學的、教科書裡面呈現的，有時候是特定的意識型態、主流階級的期待與價值觀等，這是我們要去省思的地方。

傳統教育教導學生順從權威，服從命令，接納不平等的社會和制度等等。如果你是批判的教師，你要鼓勵學生去質疑他們生活中的社會制度的正當性、課程中知識的真實性，也要鼓勵學生討論理想社會型態是什麼，這個就是他講的教育即政治。

Freire 在《團結教學論》裡講的一句話，我是有感的，所以把它引用出來，教師的權利之一就是戰鬥和奮鬥以達成較佳的教育，縱使「政府對於發展能夠激勵批判的心靈之教育，毫無興趣」。各位知道為什麼法國思想家那麼多？法國的高中課程有哲學課，而我們從小就沒有被鼓勵要有批判的心靈。國外認為優秀的大學一定有哲學系，從 Kant 在二百年前就討論「學院之爭」，大學裡面他們引以為傲的就是我這個大學是有哲學系的，在英國，物理學、經濟學、社會學的最高學位都叫作「哲學博士」，他們認為哲學才是所有學問之母。但是你看臺灣的大學，有幾個

大學設哲學系？臺大、政大、文化、清大、中央、中正、東海。臺灣不鼓勵大學設哲學系，何必教你們批判思考，你就當一個順從的學生就好了。

六、教師作為文化工作者

《教師作爲文化工作者》是由十封信加上導論、結語構成的。Freire 在這本書裡講我們的教學專業長期以來被「去專業化」的危機，教學被視爲是「技術化」、「保姆化」。這本書的副標題：「Letter to those who dare teach」，亦即 Freire 這十封信是要寫給有勇氣、敢教書的人。他在這本書裡面鼓勵老師應該作爲知識分子、社會行動主義者、批判研究者、道德能動者、基進哲學家以及政治改革者。只有重新去認識教育任務跟意識到老師所扮演的角色，才能夠自信說：「我敢承擔教育工作了！」而不是說，我當老師只是爲了有一份不錯的收入，還有寒暑假。

知識分子的角色不是扮演立法者，他也不採取獨裁立場，而是說老師要把生命認眞投入到社會問題研究，承擔公共議題的責任，處理造成人類苦難的原因，所以老師不再只是侷限在課本內容的傳授，他也要引導學生看到教育中的歧視、利用和壓迫的事例，這是教師的重要責任之一，不管其要面對的情況有多困難，才能夠讓學生把課程教材跟他的日常生活做結合。

所以，Freire 在 1998 年的《自由教學論》裡面，他特別談的是倫理，Freire 特別提出教師要有勇氣秉持普遍人類倫理，不要因害怕而不敢去譴責那些排斥異類的、操控宰制的或者使人類團結化爲烏有的措施，特別是種族、性別、階級的歧視。老師爲了能批判地聆聽學生的聲音，要成爲一個跨越邊界者，要把那個

差異合法化，作爲了解自己知識限制的基本條件。比如說今天學生帶進來我的教室裡面，可能有各種不同的文化差異，你要把這種差異合法化，然後作爲我了解自己，所以他期待的是老師要自我批判反省、開放胸襟、接受學生的批評，這樣的老師就不再只是教學的工具，而是倫理文化工作者。

老師怎麼作爲文化工作者？Freire 說有三個可以努力的方向，一個我是自我批判的；第二個我自己是一個批判的公民；第三個我用批判的樂觀主義來取代宿命論，我要安排機會讓學生發現他們都是歷史的主體，是教師作爲文化工作者可以努力的三個方向。

參、Freire 的團結教學論

一、「虛假的慷慨」和「真正的團結」

Freire 在 2014 年的遺作提及「團結」教學論，可是事實上早在 1970 年的《受壓迫者教學論》中已經開始在談團結，而且要把團結跟那種虛假的慷慨做區分，虛假的慷慨不是真正的團結。老師跟學生要團結一致，這是一個基本願景，這樣的團結教學論會使許多追求希望、期許自身能有所貢獻的教育工作者，進而發展更美好的社會。有些壓迫者他會假裝是虔誠的、感傷的與個人主義的姿態，他把這個叫做虛假的慷慨，而真正老師跟學生之間的團結，會要求一個人進入跟他團結的那群人之情境中，這是一種基進的姿態。

《受壓迫者教學論》裡講，我們要跟受壓迫者真正的團結是我們 stand by them，我們跟他們站在一起對抗，以轉化那些使

受壓迫者成為一種為他存在的客體實在。為什麼呢？這些受壓迫者被不公平地對待，他們的聲音被剝奪、勞動被欺騙地販售，而只有在我們愛的行動、愛的存在性、愛的實踐中，我們才能發現真正的團結，而那會跟虛假的慷慨不一樣。虛假的慷慨是沒有愛的，虛假的慷慨可能只是給你一些好話，但是對於你的現況沒有改善，那不是出自於所謂的愛。

二、團結是與學生進行互為主體性的平等對話

傳統教育假裝為受壓迫學生的利益服務，卻同時將他們定義為可憐的不幸者，那是虛假的慷慨而已，不是真正的團結；跟受壓迫學生交融的「真正的團結」的老師，他會把學生視為平等地參與實踐，而且承諾跟他們合作來把不公正的機構轉變為公正的機構，使得所有學生都能夠尋求自己的人性化，這樣的承諾，是一個真正的團結的老師。弱勢學生如果能夠參與其他學生和老師的平等對話跟教育實踐時，這些弱勢學生才能夠開始尊重自己的思維過程。

Freire 把這個過程叫做 speaking with student，「與」學生交談；而不是 speaking to them，不是「向」他們說話，這是團結教學論。所以批判教學論的成敗就取決於老師是否有能力來實施這種平等主義的承諾。學生與老師共同來思考，透過對話的來來回回使他們能夠相互找到共同思想的發展，使得弱勢學生先前沉默的理解能浮現且飛速地發展。

團結意味著知識是一種互為主體間的創造，它浮現在人們之間，並體現在教師對這種認知之新關係的承諾中。教師藉由存在於學習者身上的相似的認知能力，重新體驗教師自己的認知能

力。教師的作用即是在學生群體中發起這種形式的互為主體性。這種互為主體性，應該要追溯提出現象學的 E. Husserl，他很強調這種互為主體性，我作為一個認知主體，透過我的認知，所以我去感受到他人的認知，他人認知也透過我的主體的認知而了解我所想的，所以我發現，原來 Freire 說的也是 Husserl 互為主體性的想法。他主張老師要透過藉由存在學習者身上的認知能力，重新體驗他自己，從學生身上再發現我身為老師的認知能力有哪些是我有所受限制，需要重新去體驗的。

三、教育實務中必要的倫理與團結

為什麼要談團結倫理？因為教育中有絕對必要的倫理層面，Freire 說教師多多少少是倫理，教師要以身作則，沒有倫理就沒有教育。這種講法在今天可能被人嗤之以鼻，我們教育慢慢走向技術性，趕快學到知識、趕快通過考試、拿到證照，誰還在考慮所謂的倫理？我們的教育已經快變成沒有倫理的教育。

Fenstermacher 與 Soltis 將 Freire 歸類為解放主義者，因為 Freire 把老師視為讓學生心靈得以自由和開放的哲學家，他認為教育有倫理層面。解放教育不是放任的、個別的、去政治化的，教育總是具有指導性。各位不要認為提倡解放的教育、教育是自由的實踐，就是讓學生想要做什麼就做什麼，Freire 並不同意。他說「教育總是有指導性的」，這是身為一個教育者一定要承擔起的責任，不能放任學生盲目地嘗試錯誤，重點是要從什麼方向來指導？教育的歷程是指導性的，這不是說教育一定是威權的或操弄的，指導性可以跟對話並存，並尊重理念跟意見中的差異。學生和老師作為共同探究者，不代表老師不能有任何的意見，如

此老師的功能也會失去作用。

進步的教師是反威權主義的、基進的、解放的、民主的、對話的、互動的。老師跟學生要批判地解釋彼此的觀點，發展出可以共享的新觀點，一種對世界之共享的理解，Freire 在《教師作為文化工作者》中的第四封信，特別提出進步的教師要謙讓；教師不是無所不知，學生也不是一無所知；所以教師不要認為我是全能全知，學生都要依靠我的答案，有時候學生懂得比老師多，像電腦科技這種東西，我就不如我的學生，都要依靠學生的幫忙。進步教師要有愛心，而且這個愛心不是單純的愛，他說這個愛心是一個 armed，他講的是「武裝的愛心」，因為你若只是單純的愛心，很容易因為愛心付出去了沒有收回，就挫折不想再付出愛了，或者愛心被政策打壓了，然後就會收回來。你的愛心只要認為是對的，就要武裝起來對抗壓迫。然後要有勇氣、要能夠容忍、要能夠果斷、要給學生安全感等，甚至還有一種叫做「沒有耐心的耐心」。

Freire 認為，你一味的耐心會變成縱容、放任，如果老師沒有耐心又很容易變成獨斷、專制，所以必須是一種辯證的關係，我是有耐心地對待你學生的學習，但是在對待的過程中，我的耐心還會變成一種沒有耐心的耐心，到了一定的辯證的發展過程，有點像正反合的辯證。我是必須表現出我沒有耐心，不然一味的耐心，到最後你可能也不能從老師這邊學到什麼。Freire 認為有這些素質之後，才能引導學生去釋放自己，享受生命的喜悅，創造一個快樂愉悅的學校。

在《團結教學論》裡面，Freire 呼籲老師必須經常地再創造身為教育者的實踐，挑戰學生讓其能夠覺察而不是打瞌睡，亦即讓學生能夠發聲，而不是只是接受老師的聲音，讓學生發展他們

的自主性，成為他們自身而不是教師的影子。我想他在《團結教學論》是這樣來給我們老師一些建議的，怎麼樣來保持師生之間共同探究者的這種平等地位，教師不僅要肯定學生帶到教室的聲音、經驗、知識，身為教師，我們還有責任要拓展學生在家庭、鄰居、社區甚至國家之外的這種社群感跟團結感，這是 Giroux 詮釋《團結教學論》時，他在序言認為是這樣子的。

團結的教師要完全信任他們的學生，嚴格消除任何會向學生傳達相反訊息的行為或言論，如果弱勢學生要相信他們自身的知識和他們達到理解的方式，那麼老師對學生的絕對信任是必要的。受壓迫者的意識是由他們在社會中客觀的制度關係構成的，不是能夠簡單地透過受壓迫者的態度和知識改變就可以轉化，因此，Freire 認為我們要透過真正的團結，跟學生一起改變那些使他們從屬於主宰群體成員的制度關係，教師要提供有助於學生尋求並邁向人性化的教育經驗。Freire 很強調人性化，是因為他認為傳統的教育基本上是一種去人性化的教育。

四、團結倫理面臨的各種挑戰

對於團結教學論，也有學者提出不同的看法，F. Margoni 認為團結倫理有一個很大的挑戰，老師還是會制定一種使學生的觀點從屬於老師的觀點的教學方式，如果是這樣的話，就會限制了學生的潛在成長，重新創造社會的權力等級。Freire 跟 D. Faunder 在《學習質疑：解放教學論》對話錄裡面提到，老師怎麼跟學生可以真正的建立平等呢？他建議老師要「階級自殺」。Freire 的假設是，老師可以成功地放棄自己群體的利益，知道什麼對受壓迫的學生有好處，並為他們努力。Freire 希望教師能終

結他們所期待的知識和權威，在創造出互為主體的空間中，學生的理解才能夠崛起和發展。所以他所謂的階級自殺，不是真正地要把自己殺死，而是要殺死他的階級權力。老師不要一直說你是老師還是我老師，這種對話就還在維護自己老師的階級。

　　權威英文是 authority，字根在拉丁文裡面就是像我這樣的「說話者」（auctor），說話者講的話、給出的建議、忠告，讓聽話者願意接受、遵守、服從，那就是 authority。所以權威不是不好，I. Newton 講說我們要站在巨人的肩膀上，我們可以看到更高更遠，亦即有一定的東西（如知識權威），我們還是要接受的。就好像將軍對士兵下命令，士兵會服從，那就是 authority；法官的裁決，司法機關就執行、服從，這個是 authority。德國社會學家 M. Weber 講過權威有三種來源，一種是傳統權威，部落裡面的長老講話，我就要聽，長老告訴我們說女生不能來到我們會所，女性就不能到會所，因為長老是傳統的權威。以前老師講的話，學生、學生家長會聽，但是今天權威不再存在了，因為你作為一個講話者，聽你話的人不接受了，權威就沒有了。第二種是法理權威，根據法律和理性的運作，我會接受、服從，你下了命令，你給的忠告，我會接受，所以就構成法理權威。第三種，魅力權威，這個人可能不是法律上、職務上的講話的人，可是你還會接受，因為他有魅力，所以廣告商才會請明星作為他們廣告的代言人，因為明星講的話，顧客會接受，這叫魅力權威。所以權威基本上講的是，說話者講的話，你們接受了、你們相信了、你們服從了、遵守了，那就是所謂的權威。

　　Freire 說教師要終結心中所期待的知識和權威，老師要知道自己不是全部都懂，所以老師就會比較虛心、謙遜，去傾聽學生要表達的，學生跟老師觀念的差異，不代表他們就是不成熟、不

合格、不入流，他們只是因為差異。尤其像我們臺灣現在社會是一個多元的社會，有漢人、客家人、閩南人、原住民族、新住民，帶來各種各樣不同的文化差異，不要急著否定人家的文化，不要認為說我才是所謂的權威，我講話，你們都要聽，這就是 Freire 講的階級自殺。

學習者跟教育者如果能夠處於平等的地位，大家都是求知的主體，我們才能夠進行真正的對話，求知跟學習才有可能，老師跟學生一起參與共同意向的實踐過程，才能夠達到團結，在這個過程中，學生和教師發展出一種平等主義方式，以解釋學生面臨的社會矛盾；學生和教師渴望就學生面臨的矛盾以及為建設更公正的社會所需採取的行動達成共識。

五、尊重多元文化與建構公民學校

最後，《團結教學論》也關注到一些比較新的議題，Freire把團結轉化到對於多元文化主義的尊重，主流文化不能強加其價值觀到其他的文化身上。團結就是要承認對於夢想有不同的理解，而且我們要尊重這些不同理解的差異。他在《自由教學論》提出「多樣性中的統一」主張，這也是有一種正反合的辯證的想法。他在哲學上與政治上都無法接受美國所謂的少數族群缺少團結。他有另外一本著作叫做《義憤教學論》，他說無法接受我們少數族群缺少團結，如果他們能夠發現團結的力量，就會使他們聯合在一起，會使得世界變得不一樣。如果他們能夠聯合，同時保留他們自身的多樣性，他們會發現說我們不是少數族群，真正的少數族群是你們這些當前的統治團體。這樣講起來，也有道理，在美國的白人不是真正的多數，他們是少數的，只是因為他

們具有統治地位而已，所以團結還可以這樣來用。

Freire 說全球化正在扼殺地方性，全球性意味著壓縮自由與創造性，他主張我們需要重新恢復並重新發明地方力量，創造不同的可能性，讓團結跟地方的合作成為可能。實際上今天臺灣也在提倡地方創生，我們重新並恢復、發展地方的力量，只是我們的地方創生有時候都跟經濟活動做結合而已。Freire 這邊講的是說我們要能夠重新團結，而不再是完全以主流價值為主。

Freire 在生命晚期也關注公民學校，這是一種新型的學校。今天臺灣在推實驗教育，我在想說 Freire 這種公民學校或許有些人有意向或意願來嘗試。Freire 說公民學校不只是傳授知識，公民學校是在創造、執行知識，是具有同志情誼的社區學校。它也是一種生態——政治與教育的設計方案，能夠跟世界做緊密連結來建構意義。在這個學校裡面是在培育公民素養的社會——政治的教育空間，課程是社會文化關係的空間，是討論人類與社會關係的空間，連結了道德與永續性觀念，是人類能夠相互尊重，並與世界共生的空間。Freire 講的團結包含整個全球化裡面的所有人類，甚至我們的生態，生態裡面的生物能夠跟世界共生。他認為傳統學校型態過度偏重知識技能，而不是像他這邊強調的要怎麼去跟世界緊密聯繫。

結語

Freire 希望我們不需要去臣服市場經濟的旨趣，他要把這一種悲觀的命運的氣息去迷思化，轉而肯定我們人類的能動性跟批判意識，然後他提出團結教學論，就是要透過文化工作，促進人們能夠有尊嚴地過著有意義的生活，我們不需要去妥協，成為全

球市場邏輯下的商品。

　　團結倫理也反映了今天我們對人類是集體存有的深刻理解，當老師與學生可以互為主體地處在這種空間的時候，學生們的學習、思考、行動能力才能得到最強大的發展，可以發揮他們的優勢，增強他們的信心，並讓學生的智識可以提升到更高的水準。這是我認為團結教學論可能真的可以好好來提倡、實踐的地方。老師與學生的團結不取決於學生跟老師是不是要達成共同觀點或身分，也不假定老師比學生知道的更多，我們今天要去找可以通向這種團結倫理的方式，老師能夠利用集體力量來指導學生達成自由民主的希望。我想 Freire 的團結教學論的確會讓我們為師生之間的互動方式能夠有更好的想像。當然今天我們的制度還是升學主義至上，所以有些老師的精力可能放在準備學生的考試成績上，比較沒有注意到說跟學生可以保持什麼樣的倫理關係，這一點我們需要不斷地呼籲。希望在座各位老師與同學能夠給我一個指教，感謝各位的參與，請批判斧正，謝謝！

7

質性資料分析的理念與實作：
科學與文學的邂逅

張芬芬教授
臺北市立大學學習與媒材設計系教授兼教育學院院長

講演時間：2021 年 10 日 5 日
講演地點：國立臺中教育大學求眞樓 K107 演講廳

楔子：我的學術之路

　　這個故事要從 1976 年秋天講起，可能在座很多人當時都還沒出生。1976 年我考上臺師大教育系，那年 9 月教育系的新生 orientation 在樂群堂二樓舉行，當時系主任是黃昆輝教授，他在新生演講裡跟我們強調，教育系學生有三條出路：中學老師、考高普考擔任教育行政人員，以及從事教育學術研究。集體談話後，緊接著系上安排個別談話，我們一個個單獨進入主任室，黃主任問每位同學同一個問題：教育系同學畢業有哪三條路？這似乎在確認我們是否記住剛才他談話的重點，希望藉著再次提問，要我們記住這些重點，當然我是清楚記住了，後來也在心裡慢慢醞釀、慢慢發酵。當時我心想這種個別談話的安排眞好，讓我們

這些怯生生的大一新生覺得自己備受重視，有種尊榮感；曾經聽說以前蔣中正總統拔擢將官前，也會安排一對一的談話，讓我感覺黃主任好用心呀！我也將這三條路謹記在心。後來我的確選了學術研究這條路，在國中愉快教書兩年後，就去讀臺師大教育研究所，準備走學術之路。

一、求知讓我滿足

進研究所時，其實我並不知道自己是否適合走學術之路，當時並沒有考慮很多，就離開任教兩年的國中，可能主要緣於父母覺得能再讀研究所是件好事吧！但是多年後，我越來越了解自己的個性，發現自己好奇心、求知欲很強，一旦心裡出現疑惑，總想弄個水落石出，找到答案，知道真相。比方說：這次來臺中教育大學要搭高鐵，聽同仁說用手機直接買高鐵票很方便，電子車票就在手機裡，無須印出紙本很環保，進出車站和報銷交通費，都只要電子票即可。所以我試著摸索一下，真的買成了，覺得很高興，因為學會用一種新工具。我發現自己這麼多年來，如果哪天經摸索探究後學到了新東西，或是心中疑惑獲得了解答，會覺得頗滿足；有了這種滿足感，似乎生活裡其他的煩惱也就不那樣嚴重了。

再舉個例子，今年（2022）8月5日傍晚我覺得很累，睡了一下，醒來突然出現明顯的耳鳴，然後發現左耳聽力不見了；可能因為前陣子公私兩忙，聽力竟然突然出現異狀，我的第一個念頭是上網查資料，了解耳鳴到底是怎麼回事，後續該如何處理。第二天馬上去就醫，目前恢復得還不錯。我發現自己每次面對疾病——即使十四年前得了癌症，心中的疑惑是遠大於恐懼的，

就是很想儘快知道究竟是怎麼回事，後續我該怎麼做。我的理智告訴自己，恐懼無濟於事，知道真相後，才能採取正確的應對之道。在生病的探究過程裡，我發現自己是個知性探索很強的人，就是想找到答案，對於不清楚的東西就是想弄個明白。

有時我對一道問題，經過朝思暮想、魂縈夢繫地思考後，會突然出現頓悟，我想這就是所謂的天啟時刻（epiphany）降臨了！這樣的喜悅之情可能類似孔子的「朝聞道，夕死可也」！我意識到：原來我的個性裡對真相的找尋是非常在乎的。西方人知性追求的傳統源遠流長，歌德（Johann Wolfgang von Goethe, 1749-1832）筆下的浮士德博士（Dr. Faust）是個典型人物，他願意用靈魂做交換，以獲知存有（being）的最高知識以及存在（existence）的意義。對浮士德來說，「問世間知是何物，直叫人生死相許」，這句話似乎頗為貼切。我想自己是很幸運的，可以對這些歷史人物產生心有戚戚焉之感，幸運地走上這條適合自己的知性探索之路。

二、文字讓我著迷

我的學術之路還有一個特色，除了知性追求外，文字對我有種特殊的吸引力，文字讓我著迷，一篇文字精彩的質性研究論文會很吸引我。另外，思考與寫作似乎會給我一種力量。我發現質性研究其實是科學與文學的邂逅處；我畫了一張圖在這張 ppt 上（省略），各位知道「質性研究」這一詞彙許多派別都在用，它就像一把共用的大傘，而傘下有科學家，也有文學家，另外還有混成派的學者——對科學與文學孰多孰少，各有不同看法。總之，大傘底下站了很多人。許多不同派別都屬於質性研究，但所

有派別都是用文字做表達（可能兼用一些數字，但並非主要用數字來表達），這也是我被吸引的地方。我的學術領域主要在「質性研究」，可以說我被文字和文學吸引了，因爲質性研究論文有文學的特質在裡面。

壹、本講題的範圍與定位

我們學習科學研究法，學的其實是西方的學問，Francis Bacon（1561-1626）是這領域的關鍵人物。科學研究強調要蒐集實徵證據（empirical evidence），然後進行歸納，找到答案，這明顯受到 Bacon 的影響。一般認爲，Bacon 最有名的一句話「知識就是力量」（psa scientia potestas est），對此我深有同感。他是英國經驗論（empiricism）的代表人物，提出以觀察和實驗爲基礎的科學認識論，主張用歸納法處理資料，以探求眞相，這一求知路線跟歐陸的觀念論（idealism）不一樣，跟笛卡兒（René Descartes, 1596-1650）的「我思故我在」（Je pense, donc je suis）也是很不一樣的。

一、藉生活實例與比喻來解說

質性研究的認識論不容易理解，我思考過：是不是緣於這是來自西方的學問？裡面有一些翻譯詞彙，對我們來講比較硬，這些基本觀念與思路是西方的。所以多年來我總是試著用生活實例與比喻來引導研究生認識質性研究，也寫了幾篇這類的文章。對於今天演講的前半，我主要藉生活實例與比喻來說明，希望能由淺入深地解釋質性研究的幾個重要觀念，期盼今天在座從碩一同

學到博班同學，都能有所領會。至於演講的後半，我定位為「工作坊」，而不是理念闡釋。對杜威的「做中學」（learning by doing），我深信不疑，希望同學們在今天小小的實作練習後，能舉一反三，運用到日後的質性研究中。

二、以影片體驗feeling的求知之道

我們現在先看九十秒短片，看看你感受到什麼、學習到什麼？這個影片網址是 https://www.youtube.com/watch?v=ekpJrnKjYS8&ab_channel=BruceStatham，同學們事後也可再看，它強調「改變你的文字，改變你的世界」，這對質性研究者來說，應該頗具啟發性。文學語言帶出的情緒感染力道，是生活語言和科學語言所不能比擬的。

而好影片的力量往往超過文字，有人認為一張精彩的照片可能超過一千字的描述。後現代的質性研究不僅是用 thinking 求知，同時也用 feeling 求知，看影片時，feeling 尤其容易被帶出來，另外 acting 也是有些質性研究者的求知方式，這是後現代質性研究的特徵[1]，而現在已有越來越多質性研究者採用行動來進行探究。

三、本講題的範圍

我們現在先看一下，何謂質性研究？嚴謹地說，質性研究

---

[1] 有關後現代質性研究的特徵，詳見拙作〈後現代質性研究：求真難，何不求善求美求治療〉，收於張芬芬（2021）。**質性研究法進階探索：換一副透鏡看世界**（第三章）。臺北市：五南。

不等於文字資料。質性研究的特徵有五，這是學界常用的定義[2]。第一，質性研究是在自然情境中進行，不是在實驗室中進行。第二，質性研究蒐集或產生的主要是文字資料，而非數字資料。第三，質性研究比較關心歷程，而非結果。第四，質性研究主要用歸納法處理資料，而非證實（verify）或否證（falsify）預設的研究假設。第五，質性研究重視的是局內人眼中的意義，所謂的「文化主位」（emic），而非研究者眼中的意義，所謂「文化客位」（etic）。而我今天的演講只處理第二個特徵：文字資料。

各位應該常聽到「質性資料」與「量化資料」兩個詞彙，質性資料指的就是文字資料，量化資料就是數字資料。今天我所講的「質性資料分析」，僅聚焦在怎樣對文字資料做分析，大家可以簡單理解成：資料分析就是要找出資料中的精華，跟理論做連結，最後成為研究報告的結論。以下我們要討論的，就是這個範圍。

四、本講題的定位

剛才我們把今天的講題畫了邊界，現在再來將它做個定位。大家應該大致明瞭，科學研究的步驟有五個（參見圖 7-1）：提出問題→設計方法→蒐集資料→分析資料→提出結論，今天講的主要是第四個步驟「分析資料」。這是今天的講題在整個研究過程裡的位置。

---

[2] 參見 Bogdan, R. C. & Biklen, S. K. (1998). *Qualitative research for education: An introduction to theory and methods* (3rd. ed.). Boston: Allyn & Bacon.

圖 7-1
科學研究五步驟

貳、質與量的對比

一、媽媽小故事vs.成績等第

接著我們來理解質性研究強調的整體論（holism）世界觀。我用生活實例，來解說質性與量化兩種不同的世界觀。各位對這些生活實例若有想法，請踴躍分享。我的問題是：如果你新接一個班級，媽媽送小朋友來教室，跟你講了昨晚發生的小故事，或你接新班級時教務處提供資料給你看，例如上學年的全班成績、各項測驗分數，這會讓你知道些什麼？現場有沒有人要講一下？

◆ 日課碩一甲汪惠文：我是在職代理老師，我接觸的是外籍生，媽媽的小故事可以讓我了解外籍生的文化背景，還有在學校發生的、我需要注意的生活中的小狀況。分數對他們而言可能不是這麼注重，因為他們是遠從異鄉來的。我之前也有接觸一般班級的學生，或許他們在課業上沒有表現得很好，但是媽媽會分享孩子幫忙家裡擺攤，事實上是很孝順的孩子。也有功課很好，可能在家卻茶來伸手、飯來張口。媽媽的小故事讓我看到孩子的另外一面，媽媽的小故事對我而言是滿感動的。

媽媽的小故事引發了你的情感，還知道了孩子所處的生活脈絡，不管是外籍生還是在夜市幫忙，腦中那個圖像就出來了。我用這個比喻來對比質和量，的確小故事會讓我們產生圖像而印

象深刻，也許多年後你對這孩子的其他事情已經忘了，可是曾經在腦中出現的圖像，它是歷久不衰的。而且記憶通常是跟情緒相連結的，你會記得哪件事，通常那件事發生時，你出現了較多情緒。所以媽媽的小故事能讓我們有感受、會記得更久、了解脈絡、知道孩子其他面向，小故事真的優點很多。不過我也要強調量化研究也很重要，也有其功能，你知道孩子國英數的成績多少，大概就知道他在整個班級的相對位置；還有相對而言，哪些科目是他的強項，在整體定位上是很有用的，所以質性資料與量化資料各有功能，兩者都重要。

二、面試vs.筆試

另外，第二種對比是：面試跟筆試。有些人長於面試，有些人長於筆試。質性研究像面試，量化研究像筆試。之所以這樣說是因為筆試通常有好多題，以我們「課程與教學」領域來看，通常會安排兩位命題老師，兩人的分工是：一人出課程兩題，另一人出教學兩題；而每位老師出的兩題裡：理論一題、實務一題。這就把整個領域先劃分為四塊，也就是所謂的「化約論」（reductionism），最後把四題得分加總在一起，代表這名考生的程度。而面試通常不會這樣切割，因為面試時間不長，跟考生見面時主要是整體認識，偏向直觀判斷，雖然學校可能會提供幾個面向要老師面試時注意，可是最後打分數的時候，通常老師是先打該生的整體分數；相對去看各考生的整體表現，前後比較後對每生的總分做加減，這跟質性研究產生資料和量化研究產生資料的方式類似。面試打分數主要基於整體觀（holism），筆試可能較基於量化世界觀，亦即化約論，認為個體的能力評分可以分

成幾塊，最後加總變成總分，就是他的能力或程度。

三、中醫vs.西醫

再用第三種比喻來思考質與量的差異。不知各位生病時會去找中醫還是西醫？過去我問這個問題，很多人會說看生什麼病，如果是慢性病要調體質就會看中醫，如果是緊急狀況需要立即做各種檢測，就會去找西醫。這背後其實透露出兩種世界觀，中醫在「望聞問切」時，他看你脈搏、氣色、談話，以及給人的感受，這是整體觀的運用，用病患的整體表現判斷身體狀況。可是西醫看一個人健康與否，是把人化約成很多部分，然後用該部分的指數判斷身體狀況，比如血壓、心跳、BMI或膽固醇等數值，所以健檢時身體狀況被分成很多面向，從很多數值來判斷健康情形，這也是 reductionism 的展現。

四、品酒師vs.測酒儀器

再用第四組比喻來看質與量的世界觀差異。這是留法博士郭為藩教授 1986 年在我們教研所博班課堂上所做的比喻，非常傳神，所以印象深刻。我想郭教授留法多年，可能對葡萄酒接觸較多，所以從中有所體會。郭教授跟我們說：人們在評鑑葡萄酒好不好時，質性研究者像品酒師的味覺，品嚐新酒時是靠舌頭的感受，也就是一個整體的掌握，注重整體表現。另一種評鑑葡萄酒的方式，是把葡萄酒放在分析儀器上，檢測它的酒精、糖、單寧酸等成分，分析出數值、等第，這就是量化處理。

五、顯微鏡vs.空拍機

第五組對比是顯微鏡和空拍機，質性研究像是用顯微鏡看東西，質性研究者通常對少數個案做深度探究，就像拿一個很薄的切片，放在顯微鏡下仔細看。空拍機比較像量化研究用的工具，設計好量表或問卷後，研究者一次可測試成百上千的個體，像是空拍機在高空遠遠地看，看的比較表淺，但可讓研究者獲知較廣的狀況。質性研究是深度研究，量化研究是廣度研究。

總結來看，質性研究看世界是基於 holism 的觀點，量化是基於 reductionism，這是兩種不同看世界與看人的方式。各有所長，也各有侷限。表 7-1 彙整了五種對比。

表 7-1
質性研究 vs. 量化研究：五種比喻

質性研究 整體論（holism）	vs.	量化研究 化約論（reductionism ）
媽媽小故事	vs.	成績等第
中醫	vs.	西醫
面試	vs.	筆試
品酒師	vs.	測酒儀器
顯微鏡	vs.	空拍機

參、初嘗試：標語與檳榔攤

一、中國大陸標語

> **Box 1 直觀初嘗試：中國大陸標語 1990's**
>
> ・在河南的國道上：搶劫警車是違法的
>
> ・北京郊區某縣：少生孩子多種樹，少養孩子多養豬
>
> ・河南某縣：寧添十座墳，不添一個人
>
> ・在鐵路上看到的：橫臥鐵軌，不死也要負上法律責任
>
> 看到這些標語，請用一形容詞形容這個國家
>
> （將文字資料做一歸納）：
>
> 這是一個＿＿＿的國家

接下來請試用你的直觀做資料分析。1990 年代很多臺商、臺胞去大陸，會覺得他們的標語很特別，我的一個學生就寄給我一些標語，我發現滿有意思，請看 ppt 的文字（Box 1）。我們就用這四個標語為例，很直觀的看這個國家有什麼特色？請用一個形容詞形容 1990 年代的中國大陸。你覺得這是一個什麼國家？一個形容詞、成語或是一句話都可以。

◆ 某生：人滿為患。

人太多了對不對？所以節育是中國當年的政策，沒錯！這是 1990 年代的標語，我們再看這張照片（省略），後來有改變！這是我 2009 年在西藏拉薩高鐵車站拍的，標語掛在很高大的柱子上：「講衛生，襯托您的尊重美德；講文明，襯托您的高尚人格。」再來是在拉薩市區街頭拍的看板照片 —— 「拉薩市民公約」，對我來講也滿稀奇的，看板上有漢字也有藏文。再來是拉

薩公園裡豎在草地上的標語「小腳不亂跑，小草微微笑」、「千萬別踩痛了小草喔」，2009 年跟 1990 年代不太一樣了！2010 年上海世博會場，我看見的標語是「世博文明靠大家，言語文明不喧嘩、Polite language！ No noising！」開始出現英文！後來 2019 年我到張家界去，我發現標語也有它的特色「青山清我目，流水進我耳」，下面有英文，還有韓文。還有在鐘乳石洞裡面寫著「溫馨提醒……」。看了這些新標語，請用形容詞形容這個國家，你覺得這是什麼樣的國家？

◆ 某生：重視標語。

二、臺灣檳榔攤名

對哦！這是一個重視標語的國家，但是從 1990 年代到 2019 年，大陸的標語已經很不一樣了，對嗎？大陸標語一直都滿多的。不過其實臺灣也有這特色，我記得小時候學校圍牆上常常有很多標語：「光復大陸」、「反攻大陸」、「還我河山」，後來當然很不一樣了。現在我們來看看臺灣 2010 年代出現在交通要道上的文字，因為我父母親住桃園，所以我常常從桃園經中山高回臺北，有一次腦中出現一個念頭：上匝道前的路旁檳榔攤這麼多，這些檳榔攤的名字有沒有共通之處？我發現很有特色！請看我當時記錄下的檳榔攤名（Box 2），然後用一個詞彙形容 2010 年代的臺灣。

◆ 某生：本土。

◆ 某生：熱情洋溢。

◆ 某生：鄉土、在地。

　　同學的回應很有趣，這沒有標準答案，大家的回應都各有道理。記得多年前臺灣報紙曾經刊載，法國人聽說臺灣有所謂的檳榔西施，他們就來研究「檳榔西施」文化，不知道結果如何。這是 2010 年代的檳榔攤招牌，現在有沒改變呢？今（2022）年 6 月我由省一號公路，從臺北到桃園，特別留意了檳榔攤的名字，跟以前的很不一樣了！「順泰、劉家、瑄瑄、新北、中日、貴子、喜來登、小敏、哀哀叫、一級棒、全球、梅山……。」相形之下，2010 年代是不是還比較文謅謅一點，看到 2022 年這些檳榔攤名，請再用一形容詞形容這現象，2022 年的臺灣是一個什麼樣的地方？

◆ 某生：從在地到國際、全球。

　　「從在地到國際、全球」，很好！不過有些招牌滿露骨，滿不像話，對不對？我們可以發現 2022 年的臺灣更直白了，也可說滿多元化、全球化、國際化，是不是？當時記錄這些檳榔攤名時，我的直觀反應，也覺得現在的臺灣檳榔攤名是「從在地化到國際化都有」。我和同學的想法滿相近的，這應該是因為我和你

們在同一個文化裡生活。此外，我們也可以分析偶像劇裡面的發燒句，可以分析選舉時候選人的口號與訴求，因時間不夠所以快速帶過去。我蒐集了很多實例，因為我看到文字就覺得可以拿來做分析。范可欽的微網誌也很有特色，同學可上網自己找來看，試著做練習！

三、何謂整體直觀

　　剛才你們的反應顯示你們直觀滿強的，洞視滿強的。通常，研究老手在研究很小的題目或資料很少時，直觀強的研究者可以運用這方法，可是邏輯分析也很重要，不能只用直觀。初步可以提出一個假設，經過邏輯分析來解釋它，看禁不禁得起考驗。質性研究者有必要兩種都使用，一種是整體直觀，另一種是邏輯推理。整體直觀是「快思」，邏輯推理是「慢想」，我有一篇文章是〈質性研究者的快思慢想〉，後來收錄於專書[3]。延興主任剛跟我說那篇文章太長了，的確！我在寫文章時，應分成數章來寫，這樣比較好在課堂上運用。

　　何謂直觀？什麼叫直觀？哲學辭典裡解釋直觀就是：未經思考過程或邏輯推理，就能直接地對整體資料的關鍵處、微妙處，有所領悟或洞察，把握住整個本質。在此我用簡單的生活語言來解釋，所謂直觀就是：直接認識、直接體會、直接領悟。剛剛各位都展現出這樣的直觀認知能力。

　　科學研究基本上是要領悟到關鍵概念，或發現概念跟概念之

---

[3] 此文題目是〈質性研究者的快思慢想：整體直觀與邏輯思考〉，收於張芬芬（2021）。**質性研究法進階探索：換一副透鏡看世界**（第五章）。臺北市：五南。

間的關係。這種領悟可能來自整體直觀，我們有些成語還滿傳神的，如：福至心靈、靈光乍現，這些成語都滿生動地顯示直觀發生的時刻。這背後有一個 holism 的觀念、一個看世界的方式；另一個相對的世界觀就是 reductionism 化約論，剛才我對這些提到很多。而化約論著重的認知方式，就是邏輯推理。

四、何謂邏輯推理

　　什麼叫邏輯推理？用生活的語言解釋，它就是層層歸納、層層演繹，這是邏輯推理兩種基本方法。你寫論文的時候，如果邏輯推理很棒，寫出來的文章是環環相扣、沒有斷裂的。順便一提，很多人看某些質性研究論文，會懷疑質性研究是寫小說（fiction）嗎？我思考的結果是：可以用科學研究的特徵來回答這個問題，答案是質性研究論文跟小說創作是不同的，因為科學研究有兩個特徵：第一是合於邏輯、言之成理；第二是有憑有據，研究論文是要用具體資料來解說，不是憑空想出來的，研究者是要蒐集證據，要拿得出、看得見、聽得到、摸得到等這些感官證據的，量化研究者與質性研究者都要做到這一點，但是小說不需要拿出感官證據。小說的邏輯可能藏在情節裡，要言之成理，讀者才會懂，裡面有語言邏輯，但它的材料未必是有憑有據的。我們可以用這兩個特徵來區別質性論文跟小說。現在「自我敘說」（self-narrative）的質性研究論文越來越多，自我敘說裡的資料要有憑有據，自我敘說論文不應該是虛構的，如此，自我敘說論文就不是小說。

五、用邏輯推理確認直觀

剛剛對於 2010 年代的臺灣檳榔攤名，各位展現了你們的直觀能力。臺灣是個熱情洋溢的地方、用詞比較鄉土的地方，這是剛剛主任和同學的回應。延興主任說熱情洋溢，其實跟我的直觀所得是接近的。我曾在課堂上問同學們，他們當時想出來的都是成語，包括：春色無邊、春色撩人、五光十色。大家可發現：四個成語裡都有「色」！這跟主任剛剛說的熱情洋溢有關係，對嗎？為什麼會這樣？我們現在就真的來做個分析（詳見表7-2），我們系統性地逐一分析每一招牌，寫出意涵，然後歸納出共同處，你就會發現每一個檳榔攤名稱背後都藏了「色」，難怪我們的直觀會告訴我們那四個成語。我想用這一分析示範告訴大家：我們固然可先用直觀得到初步印象，但必須再經過嚴謹的邏輯推理，確認直觀所得是否有道理，若並不是很有道理，則必須放棄或修改直觀所得。

表 7-2
邏輯推理系統分析：臺灣檳榔攤招牌名 2010's

檳榔攤名	意涵
騷禍	放蕩女子、有姿色
眉飛色舞	興致好、有美色
水噹噹	女子、有美貌、具美色
意難忘	忘不了、有熱情／美色
小可愛	女孩、女孩內衣、具美色
水玲瓏	女子、身材好、有美色

而我要強調，每一項質性研究都需要兩種認知方式，甚至量化研究也都會用到兩種認知方式，這在我的文章〈質性研究者的快思慢想：整體直觀與邏輯思考〉做了較清晰的解說。總之，研究者對整體直觀和邏輯推理兩種認知方式都會用到，質性研究者有必要學習邏輯推理的部分，絕不能只靠直觀。後面要跟各位講五階段論，它就是一個系統化的分析步驟。

肆、質性資料分析的五步驟

一、四模式：分布在三層面的光譜上

　　Miller & Crabtree（1992）[4]歸納各種質性資料分析的方式，整理出四個模式，在我給你們的文章[5]裡把四模式的每一步驟都寫出來，這裡不贅述，我用比較概括的方式說明。四種模式是：準統計式、模板式、融入式、結晶式。如果做比較的話，你會發現四個模式依序分布在三層面的光譜上（圖7-2）。在「分析類目」的光譜上，四種模式從預定的到逐漸浮現的都有，「類目」指的是概念，就是分析架構上的一些詞彙。「準統計式」的分析類目是事前預定好的，「結晶式」的分析類目是逐漸浮現的。在「分析程序」的光譜上，有較為標準化的，「準統計式」屬於這類；分析程序也有非標準化的，「結晶式」屬於這類，這類研究者對資料透澈了解，然後在腦子醞釀、沉澱，如此會領悟到一些結

---

[4] Miller, W. L. & Crabtree, B. F. (1992). *Doing qualitative research*. (1st ed.). London: Sage.

[5] 現場同學手中的文章是〈質性資料分析的五步驟：在抽象階梯上爬升〉，收於張芬芬（2021）。**質性研究法進階探索：換一副透鏡看世界**（第六章）。臺北市：五南。

晶的心得。至於「準統計式」標準化的分析程序，就是大家比較
熟悉的教科書內容分析；通常做教科書分析時，都已經有一套分
析類目。通常分析前會先把類目建立起來或運用現成的類目，比
如 108 課綱有十九個議題，國教院的議題手冊[6]裡，對每一議題
都已建立了主類目與子類目，研究者可用來分析教科書或教材。
例如運用海洋教育這個議題的五大主題去分析教科書，我們可逐
課去畫記，計算海洋文化有多少課，海洋文學有多少課，這就是
準統計式的資料分析。至於「分析判斷」層面的光譜，「準統計
式」運用的邏輯推理較多，「結晶式」的現象學取向研究者則運
用整體直觀較多。

圖 7-2
質性資料分析的四種模式之比較

質性資料分析	準統計式	模板式	融入式	結晶式
分析類目：預定的	◄———————————————————►			逐漸浮現
分析程序：標準化	◄———————————————————►			非標準化
分析判斷：邏輯思考	◄———————————————————►			整體直觀

二、五步驟：研究者在抽象階梯上爬升

　　無論是上述質性研究的哪個模式，它們的分析大致有五個步
驟：文字化、概念化、命題化、圖表化、理論化，這是一道抽象

---

[6] 國家教育研究院（2019）。**十二年國民基本教育課程綱要國民中小學暨普通型高
級中等學校議題融入說明手冊**。新北市：國家教育研究院。

階梯，研究者要拾級爬升。這五步驟是我將 T. F. Carne（1990）[7]繪的階梯圖予以再概念化（reconceptualize）而得。下面我們就用實例來做解說，看看到底每個步驟在做什麼。講義裡的解說文字很多，現在各位只要記得「化」就是產生，文字化產生文字、概念化產生概念、命題化產生命題、圖表化產生圖表、理論化產生理論，這數個階梯意味著：文字構成概念、概念構成命題、命題構成理論，這是一個頗基本的觀念，大家要建立起這個觀念，這個階梯是有前後順序的。至於圖表化其實可運用於每個階段，我在以下實例裡是用在命題化階段。

　　我在文章裡用種一棵果樹，來比喻資料分析的五階段（表7-3）。初期園丁的任務是育苗長葉，研究者的任務是累積文字，要成篇累牘地去蒐集和產生文字資料，即「文字化」。「概念化」有點像是果樹開花，園丁要悉心灌溉；研究者則要將資料編碼（coding），賦予概念，以概念將資料分門別類。「命題

表 7-3
質性資料分析的五階段：資料分析猶如種果樹

階段	譬喻	任	務
文字化	**葉**	育苗長葉	成篇累牘
概念化	**花**	灌溉開花	分門別類
命題化	**幹**	發展枝幹	求同存異
圖表化	**樹**	展開大樹	綱舉目張
理論化	**果**	結成果實	以簡御繁

7　Carney, T. F. (1990). *Collaborative inquiry methodology.* Ontario, Canada: University of Windsor, Division for Instructional Development.

化」類似園丁要讓果樹長枝幹，研究者要找出眾多概念的共同「主旨」（theme），將相關概念彙集在一個命題（proposition）下，亦即求同存異。「圖表化」是要讓樹苗壯起來，開展成大樹，這是園丁的任務，我們研究者就是要綱舉目張，將資料放在綱目裡，也就是放在圖表裡；最後「理論化」類似園丁希望結成果實，做研究就是希望能建立理論以簡御繁，以簡要的理論解釋繁雜的資料。

步驟一：文字化

　　首先來看產生文字這個步驟。文字資料的類型很多，最基本的是逐字稿、觀察札記，另外還有很多現成文件，在研究倫理許可下，很多都可成為研究資料。老師手中的文件其實很多，例如：課程方案、活動單、學習單、教學筆記、學生習作、聯絡簿、情緒日記、問卷、日記等等。即使現在是影音時代，但文字仍然隨處可見，手機裡 Line 的內容——家長群組、學生群組裡面都有很多對話內容，這些都是現成的文字。還有網路留言、FB、Email 內容，在符合研究倫理的前提下，這些文字資料都可能成為研究材料。

　　有人認為後現代主義時代出現了表達危機（representation crisis）。不管你有多厲害的生花妙筆，文字仍然無法恰如其分地如實呈現事情原貌，文字有它的侷限性，文字的表達跟事情原貌是有差距的，這就是所謂的表達危機。即使如此，無可否認地，現在的論文還是以文字呈現為主，另外可能輔以影音或表演。有很多好的小說拍成電影後，有人認為電影比較豐富，小說無法像電影畫面那樣讓人帶出那麼多感受；可是也有人認為，有些小說太精采，不管電影怎麼拍，都沒辦法拍出它裡面的意涵。簡言之，小說與影片各有支持者，主要看作家和導演的功力吧！

所以我的結論是：文字論文或影片論文各有優點。

我認為質性研究者也是文字工作者，我們應期許自己達到一個目標：要使文字產生有機的效果，努力把意義、意境、弦外之音等寫入文字之中，使它餘韻無窮。當然要達到這樣的有機效果很難，這關乎個人的文學素養，不過多練習仍是有用的，我們的確看到研究生經過磨練後，在彼此幫助下有很明顯的進步。

剛剛我們看的九十秒影片，那位街友手中板子上原本寫的是「我是盲人請幫助我」，後來那位女士幫他寫的文字是「今天是美好的一天，而我卻看不見」，路人看了這文字後，明顯投的錢變多了。我想「美好的」這個形容詞帶出了路人的感覺，「而我卻看不見」幾個字，則讓人產生同理心，盲人與我的對比也出現了。而且「美好的一天」是在一個不錯的場景裡，所以帶出來的效果很好。有些人擅長用科學語言來表達，有些人擅用文學語言。質性研究在論文風格上，有人親科學派、有人親文學派，中間還有各種不同派別，質性研究的課堂上，可挑各種不同類型的論文讓同學來欣賞、來學習，差距真的滿大的。

我的質性研究課堂上曾播放法國電影「放牛班的春天」，非常棒的影片！這電影原本片名是「合唱團」。我在同學看完電影後，請同學為電影命名，有同學說：「一個小小小……音樂代課老師的敘說研究」，你們有看過這部電影嗎？如果沒有的話，強烈推薦，裡面的音樂、合唱、畫面、對話及故事情節都非常動人。而它的內容，的確可以說是一個敘說研究，因為電影第一段情節告訴觀眾，那是從一位去世的音樂老師的日記所延伸出來的一段回憶。另有同學給電影的命名是「組織合唱團進行班級經營之成效的個案研究」，這真是太貼切了！看過的人就知道那個老師是怎樣改變孩子的，他組織了一個班級合唱團，用這個方

式來做班級經營，最後明顯改變了孩子。「組織合唱團進行班級經營之成效的個案研究」是用變項語言或科學語言來命名，自變項是組織合唱團，班級經營成效是依變項，用的研究法是個案研究法。這個題目好完整，有自變項、有依變項、有研究方法，對不對？也有同學很感性，他的命名是「愛從音樂來」，是不是也很傳神？看過這電影會覺得音樂的力量好大，改變了好多人際關係，產生很多愛，有師生之愛、同學之愛、同事之愛——音樂老師也改變了訓導主任，短暫地感動了殘忍的院長，裡面也有男女之愛——小小的愛的火苗一點一點。另外還有同學命名「高牆上的小手」，我覺得也很傳神，因為影片的最後，老師被院長逼走，法國的古堡高牆上有個小小的窗戶，有些小手從窗戶丟了紙飛機出來，紙飛機上寫了給老師的話；因為老師被院長驅逐出校，沒時間跟小朋友道別，所以他們用這個方式寫了話給老師，「高牆上的小手」是有圖像的，是一種文學語言。我用這些命名做對比，可以讓各位理解到：科學語言是以變項來表達，文學語言則是圖像語言，能讓人們在腦中形成圖像，而質性研究可以兼用科學語言和文學語言。

步驟二：概念化

各位的講義第三頁有一張編碼習作單。編碼（coding）對資料分析頗重要，大家可練習看看，用大陸的標語來做練習，看你給它什麼代碼，然後行號怎麼樣編，其中包括幾個步驟，詳見Box 3。這幾個步驟可以持續循環下去，因為各位手中有我的文章，其中有解說，在此我僅簡略講解。演講後半我設計了「謝鱉蛋」的課堂練習，會讓大家實際做一下，就可初步體驗資料分析的主要步驟。

現在我們來看 Box 3，中間是原本的標語，我已在右邊這欄

寫出一些代碼，有「提醒、守法、鼓勵、節育」等等。各位注意看 Box 3 左上角有一個「本頁流水號」，就是指代表本文件的號碼，請留意：這並不是質性研究所謂的「編碼」（coding）。文件號碼通常用年月日編，代表這一文件。通常質性研究的編碼是寫在最右一欄，就是將某概念賦予給某段資料，像這裡第一句話「搶劫警車是違法的」，我寫下的代碼是「守法」、「提醒」。因為這個標語在提倡守法觀念，而用的語氣是提醒大家：這件事情不能做，因為違法了。段號與行號也是研究者填入的，如果你在論文裡引用了某段文字，就可寫上流水號與段號行號，顯示出你是引用哪份文件、哪段哪行的資料，如此一則可取信於人，二則可讓自己快速找到原本文件，現在的質性研究論文通常都會做到這點。

Box 3 「概念化」（一）：初步編碼的實例		
編號：編文件代號、編行號／段號。編碼：賦予資料代碼。		
本頁流水號：20221005 文 01		
行號／段號	大陸標語	代碼
段 01	■ 在河南的國道上看見的：「搶劫警車是違法的」	提醒、守法
段 02	■ 在河南的國道上還看到絕對經典的一條：「一人結紮，全家光榮」	鼓勵、節育
段 03	■ 這是在貴州看到的，也挺經典的：「放火燒山，牢底坐穿」	提醒、守法
段 04	■ 在鐵路上看到的：「橫臥鐵軌，不死也要負上法律責任」	提醒、守法

段 05	■ 在浙源到理杭的路上，經過一個不知名的小村莊，偶見路邊的農舍上，用白漆刷著這一條標語：「國家興旺，匹夫有責；計畫生育，丈夫有責。」	鼓勵、節育
段 06	■ 北京某遠郊縣：「少生孩子多種樹，少養孩子多養豬」	提醒、節育
段 07	■ 在山東看到的標語：「光纜不含銅，偷盜要判刑」	提醒、守法
段 08	■ 安徽政府要求歸還農業貸款的標語：「人死債不爛，父債子來還」	提醒、守法
段 09	■ 湖南某縣的生育計畫標語：「誰不實行計畫生育，就叫他家破人亡」	提醒、節育
段 10	■ 河北某縣的生育計畫：「寧可家破，不可國亡」	提醒、節育
段 11	■ 河南某縣：「寧添十座墳，不添一個人」	提醒、節育

　　「代碼清單」（參見講義）（省略）就是把剛剛已寫出的代碼（守法、鼓勵、節育）彙集列出，形成一個系統，Box3 寫的代碼其實包括兩類，一個跟內容有關，一個跟方法有關。這些標語宣傳了守法、節育等內容，宣傳的方法則有提醒跟鼓勵（Box4）。當然你可以更細緻地編碼，可以賦予更多詞彙，將更多概念貼在標語資料上面，作為代碼。

　　剛剛有同學已經快速跳躍，指出這是一個「標語治國」的國家，這講的是標語發揮的功能，顯示標語是要做什麼的。「標語

治國」就變成主旨代碼或核心代碼（Box 4），本來零零散散的初級代碼，最後用這個主旨代碼做主軸可以聚攏起來，初級代碼就可以各就各位了，而聚攏用的那個主軸，就是主旨代碼或核心代碼。

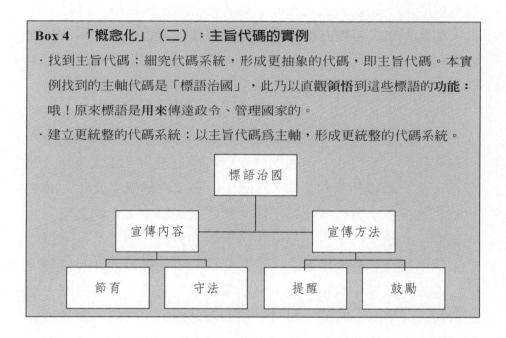

Box 4　「概念化」（二）：主旨代碼的實例

· 找到主旨代碼：細究代碼系統，形成更抽象的代碼，即主旨代碼。本實例找到的主軸代碼是「標語治國」，此乃以直觀**領悟**到這些標語的**功能：**哦！原來標語是**用來**傳達政令、管理國家的。

· 建立更統整的代碼系統：以主旨代碼為主軸，形成更統整的代碼系統。

標語治國

宣傳內容　　宣傳方法

節育　　守法　　提醒　　鼓勵

　　講義上還有提到「索引卡」，現在質性研究者通常不做紙本索引卡，現在有質性資料分析電腦軟體（如：ATLAS.ti、NVivo[8]）可以運用，你鍵入編碼時用的代碼，就可以集中相關資料，

8　質性研究電腦分析軟體之運用，可參考以下三書：①林本炫（2004）。質性研究資料分析電腦軟體 ATLAS.ti 操作手冊。收於林本炫、何明修主編，**質性研究方法及其超越**（頁 263-306）。嘉義：南華大學。②林本炫（2006）。質性研究資料分析電腦軟體 Nvivo 7.0 操作手冊。收於周平、齊偉先主編，**質性研究的越界：文化現象的分析**（頁 249-291）。嘉義：南華大學。③劉世閔、曾世豐、鍾明倫（2017）。**NVivo 11 與網路質性研究方法論**。臺北：五南。

跟我們平常用google找資料時鍵入字詞來搜尋的效果是一樣的。但有些人還是喜歡用紙本索引卡，那麼我們講義上的例子是可以參考的。

另外講義提到的「代碼定義單」，通常臺灣的質性研究是沒有做的，不過我看到新加坡一篇博士論文，為每個代碼寫出定義，如此一來，甲做分析後，乙也可依據代碼定義做分析。臺灣的教科書內容分析研究，研究者也會為「分析類目」寫出意涵說明，類目的意涵說明與此處所稱的「代碼定義單」是一樣的意思。

代碼從何而來呢？我觀察到，臺灣絕大多數代碼通常是現成的主代碼，再加上浮現的子代碼。現成的主代碼來自原已寫好的研究目的，浮現的子代碼則是從資料裡出現的。我以臺師大教育系黃鴻文教授升等的論文[9]為例，他研究的是學生文化，而文化的定義很多，黃教授認為：觀念體系就是學生文化的表現，他的研究目的是「國中生在學校生活習得哪些觀念體系」，所以他的主代碼就是「觀念體系」，後來浮現的子代碼是他在現場發現的，他去探究學生重視什麼，發現學生重視老師、重視時間、重視科目，「老師、時間、科目」這些就是他的子代碼。黃教授發現：國中生的觀念體系分成三大類，看老師的方式形成一個觀念系統、看時間也有一套觀念系統、看科目也有一套觀念系統。他發現國中生看老師，就是看老師嚴不嚴，老師是合理的還是不合理的，老師是會教的還是不會教的，「嚴格與否—合理與否—會教與否」就構成一套觀念體系，黃教授這些發現的確頗能反映國中生看學校的觀點。

9　黃鴻文（2003）。**國民中學學生文化之民族誌研究**。臺北：學富。

步驟三：命題化

命題（proposition）是一個暫時的假設（hypothesis）、一個主張，通常研究假設與研究結論都是命題。Box 5 列出了中國大陸標語研究的三個命題。待會我們會有實作練習，大家對命題化會比較了解，現在簡單帶過。

Box 5　命題化：實例解說

研究者可從前一概念化階段整理而得概念，延伸出 3 命題：

- 命題 1：中國大陸以標語進行政令宣導。
- 命題 2：中國大陸政令宣導的主要內容是節育、守法。
- 命題 3：中國大陸政令宣導的主要方法是鼓勵、提醒。

步驟四：圖表化

現仍以中國大陸標語為例，說明怎樣用圖表做資料分析。此時要藉表格來檢核前一步驟找到的初步命題，是否適用於每一標語，以確認該命題是否成立或需怎樣修改。研究者要為每一命題繪製一檢核表。現以命題 1 為例：「中國大陸以標語進行政令宣導。」Box 6 是為此命題繪製的檢核表，分析者若認為命題 1 適用於段 01，就填入「＋」，以此類推。假如段 12 是「湖南電視臺附近標語：用手機票選出你心目中的超女」，命題 1 明顯不適用於此商業廣告，因為這不是在做政令宣傳，所以研究者填入「－」。如果遇到不適用狀況，也就是遇到負面案例，此時可兼採兩方式處理，一是修改命題，二是回頭思考：原本資料蒐集的範圍是否設定得不夠明確。處理一是將命題 1 修改為：「中國大陸**官方**以標語進行政令宣導」，這樣便可把企業豎立的商業廣告排除在外，因為企業不是官方；進而再刪除段 12，不納入研究

中。處理二是回頭修改資料蒐集範圍，補充說明「本研究所稱道路旁的標語，不包括商業廣告」，如此，研究範圍就更清楚了。

Box 6　圖表化：實例解說			
命題1：「中國大陸以標語進行政令宣導」			
段 01	在河南的國道上看見的：「搶劫警車是違法的」	＋	
段 02	在河南的國道上還看到絕對經典的一條：「一人結紮，全家光榮」	＋	
……	……		
段 11	河南某縣：「寧添十座墳，不添一個人」。	＋	
段 12	湖南電視臺附近標語：用手機票選出你心目中的超女。	－	企業以廣告增業績

步驟五：理論化

理論化就是找到深層結構（理論），將資料整合在一個解釋架構中。比方說提出一些政治學方面的見解：標語是政治社會化的重要工具；在國家發展的某個階段會運用標語治國，讓民眾在生活裡常常看見標語，將標語要傳達的政策潛移默化到民眾的觀念中，很自然地接受這些政策，甚至願意實踐它，也就是藉政策標語來管理民眾的觀念與行為，達成國家的政治目標。這樣就可以建立成一個「標語和政治社會化」的理論。我們會發現在臺灣或其他地區／國家也有類似情形。

以上解說了質性研究者在抽象階梯上要爬升的五個梯級，表7-4歸納了在每一階梯上須完成的具體任務。「文字化」要整理逐字稿，或寫下重點與概要。「概念化」要將資料編碼，找到分

類系統與主旨代碼。「命題化」是要提出命題，作為待考驗的假設，這可透過撰寫備忘錄來發現資料中潛藏的關係，也可將資料重新打包，以期從中發現資料裡的主旨與趨勢。「圖表化」是指就所發現的命題繪製圖表，以驗證該命題是否成立；更可繪製更多圖表來分析資料，找尋更多關係、重點與缺漏處。「理論化」則是提出新理論或驗證舊理論，以作為解釋架構，將研究資料整合在此架構中。值得留意的是，攀爬這道階梯時，常常需要上上下下多次往返，並非都能一往直前，一次就完成攻頂任務。

表 7-4
質性資料分析五階段：具體工作

文字化	・整理逐字稿 ・寫下概要重點
概念化	・資料編碼：將概念賦予資料 ・寫分析備忘錄：尋找主旨代碼、形成合適的分類系統
命題化	・寫分析備忘錄：探究資料中的關係，抓住靈感 ・資料的再包裹與彙集：發現整個資料中的主旨與趨勢 ・形成命題：將靈感與發現列為初步結果，即研究假設
圖表化	・就資料中的重要命題繪為圖表，驗證是否成立 ・以圖表繼續分析資料，尋找資料裡的關係、重點、缺漏處
理論化	・提出／驗證理論：將資料整合在一個解釋架構中

伍、現場實作

Box 7　個案故事：「謝鱉蛋」

（原題目：孩子如何失敗？其實她／他只想有個快樂的童年）

作者：臺北市立第一女子高級中學國文教師蔡永強

【假定：這是一份清繕過的<u>訪談整理稿</u>，尚待編碼、分析】

　　❶ 童年如昨日，往事似雲煙，倏地間小學已經是二十年前的韶光。記憶中的兒時是一段溫馨的綺夢，夢裡有可愛的同學與可親的老師。大概從小是個乖寶寶吧，小學時幾乎未曾遭受老師們的嚴格苛責，更遑論罰站或打手心等處罰了，加上所學的簡單課程對學習根本不構成任何的「威脅」，所以那六年簡直是天使般的生活。

　　❷ 於菜市場遇到小學同學謝鱉蛋的時候（很抱歉，早忘其大名，只記得可簡稱爲鱉蛋），我的確大吃一驚，若非其畏縮一如往昔，我簡直不敢上前與這位歐巴桑相認，只見其左手牽一個，背上肩一個，後頭衣角還繫著兩個孩子的寒蠢樣，她簡直全身上下就是以小孩爲裝飾物了。在擁擠的市場裡，我們簡直沒有話說，當她知曉我在研究所進修時，一縷紅暈從她的耳根漫上臉頰，我們都陷在突如其來的尷尬氛圍之中，我很想告訴她自食其力的人很高貴，但是就是無法開口，如同二十年前的班上景況，大家都不願和鱉蛋講話，二十年後，縱然相見，縱然驚喜，仍然是殊途異路，原來歲月不會填平鴻溝，當然「教育」也不會了。

　　❸ 鱉蛋家小時候是三級貧戶，由於生得晚，考試零分的謝鴨蛋與謝龜蛋等冠冕已爲兄姊所奪，因此全身散發「異香」的小女孩就只能屈居鱉蛋的名號。長江後浪推前浪，鱉蛋的功勳很快地凌駕兄姊，入學以來，她穩坐最後一名的寶座，而且次次客於拱手他人，於是她的生活落入藤條聲、怒罵聲，聲聲入耳的境地。考試不及格被打、動作

畏縮被笑、分組表現不佳則被辱罵，我們這些成績好的人更是「名正言順」的指責她，因爲我們是班長，是風紀，是老師的寵兒，而她呢？是個「最後一名的髒鬼」！

❹ 開學收費時，鱉蛋可獲減免，於是有人向老師打小報告了：「鱉蛋家有電視和電冰箱，而且還有錄放影機，她根本不是貧戶。」其實我們放學時天天經過鱉蛋的家，土房茅頂，門口除了蠅蚋破爛成群外，偶見她中風的媽媽和佝僂的爸爸。可是我們討厭「不誠實」的小孩，所以我們不跟免繳錢的鱉蛋一起走路回家。

❺ 分組活動時，鱉蛋是同學眼中的皮球，只要跟她同一組，一定會輸掉，即使她不發言，她還是會把「衰運」帶給同組的小朋友，所以人人爭而踢之，己所不欲，快施於人。運動會時大隊接力鱉蛋跑得飛快，可是下一棒美琴卻被別隊超越了，沒有別的原因，都是因爲和帶衰的鱉蛋同一組，這次幾個男同學眞的舉起腳來，狠狠地踹下去，人人都想踢上她一腳。鱉蛋沒有哭，沒敢躲，只是畏縮地一扭一扭。

❻ 月考前，自然老師按座號一一請同學起立回答問題，臨到鱉蛋時，自然老師皺了皺眉，問了題：「媽媽想要生個漂亮寶寶，用想的就可以了嗎？」鱉蛋低著頭，怯怯地輕聲回答：「對」，突然全班哄堂大笑，自然老師很自然的請她嚐了一頓竹筍炒肉絲。

❼ 升上國中後，除了自己那茫未可知的前途外，灰敗的日子讓我忘了一切，後段班的鱉蛋也就在生活中消失了。直到國三的某一天，鱉蛋竟成了全校的名人，她和男友因飆車而發生車禍，男生當場慘死現場，鱉蛋除了手斷腳折外，還流掉一個三個月的小寶寶。

❽ 人生黃粱夢，匆匆十數年。沒想到於市場再次地巧遇鱉蛋，談起了國小同窗的歲月，她的記憶只是「老師好兇呀，我天天都被打」。再談，也只是些不快的、沉悶的、灰撲撲的往事，她的小學原來是段沉痛的惡夢，夢裡有殘忍的同學與無情的老師。

❾ 走在遠百的櫥窗前，巧逢小學同學美琴，當年同學眼中華美可愛的小公主如今亮眼依舊，仍是單身粉領新貴的她，一副自信與爽朗，讓人精神亦為之一震。和她談起小學同學鱉蛋，她也忘了鱉蛋的本名，我們還差點因為各持己見而起爭執哩！美琴對鱉蛋現今的困蹇境遇冷漠以對，她說鱉蛋有如此下場，她早就知道了。

她說她早知道了！

Box 8 「資料分析」現場習作單

1. 每人模仿蔡永強的文章第 ❸ 至 ❻ 段的內容，寫出一個你聯想到的「小學生同儕互動」的故事（可分兩段寫，第一段寫個案的背景，第二段寫一個事件）。可以寫你自己讀小學時的往事，也可寫你的學生發生的事件，記得要寫出具體的人物、場景、事件經過。約寫五分鐘。

   ・ 文字化：產生文字資料。（文字資料可以來自觀察、訪談，或現成的文件）

   ・ 好的故事描述會產生歷歷在目的圖像：貼切、傳神（詳實的描述，thick description）。

2. 全組同學輪流閱讀每人所寫的故事，每人另拿一張白紙，在紙上寫下你讀故事時，所想到的相關概念（或稱類目）。

   ・ 概念化（conceptualize）或類目化（categorize）：這一階段你所做的工作，就是所謂的「編碼」（coding），通俗一點的說法，就是為一段段的資料「取名字」。可以將繁雜的資料濃縮、簡化、集中。

   ・ 「小學生互動」是這些故事的「核心類目」，核心類目可以是這個研究的主題，或是研究的題目。核心類目可以從資料裡慢慢浮現（此即「紮根理論」取向），也可以事前預定好。

3. 全班依大家所寫的類目，提出一個「主張」，這個主張最好能適用
  於每個人所提的故事。這一主張即是一項<u>暫時</u>的通則（即：待考驗
  的「理論」）。

  ・ 命題化 ：提出命題，提出主張（proposition，或稱為「命題」），
    可以作為暫時「研究假設」。

　　你們手中講義有「謝鱉蛋」故事（見 Box 7），我們假定它
是研究者訪談後整理好的一個故事，訪談是質性研究常用來蒐集
資料的方式，我們現在假定研究者用訪談蒐集到某一個案資料，
現在我們藉此個案資料來做一項練習，Box 8 是習作單。我們一
起來看看「謝鱉蛋」的故事和習作單。

一、「文字化」實作

　　這個習作單包括三步驟：文字化、概念化、命題化。現在我
們練習做做看，希望練習後，大家印象會較深刻，以後可舉一反
三地運用在研究裡。步驟一文字化，順便跟大家做個解說——質
性研究強調厚實描述（thick description），你們看蔡永強老師寫
的故事，文字不多，但有歷歷在目之感。比方說第二段「只見其
左手牽一個，背上揹一個，後頭衣角還繫著兩個孩子的寒蠢樣，
她簡直全身上下就是以小孩為裝飾物了，在擁擠的市場裡，我們
簡直沒有話說」，我們好像真的看到他描寫的畫面，對不對？感
覺上可以把它畫成四格漫畫。蔡老師這樣的文字，就是做到了厚
實描述。

　　現在我請同學現場講故事，不要用太高標準要求自己，你想
到哪個故事就講出來，第一段請講這個孩子特徵是什麼，第二段

請講他跟同學怎麼互動。因為演講時間所剩不多，我們把故事聚焦在「小學生同儕互動」，待會兒我們試著就第二段某個畫面來編碼。

先請同學貢獻一個你自己小時候故事，或是你現在接觸到的小學生同儕互動的故事，然後我們試著做資料分析，可以嗎？稍微想一下，自己小時候或是你跟小學生接觸、家教或你班上的學生都可以。我們回憶一下，你貢獻一個故事，大家都會很感謝你！可以嗎？有沒有人想到？有人有笑容，就由你拯救大家吧！太好了！請描述是怎樣的一個孩子？他怎樣與同儕互動？

◆ 某男生：他是我國小的男同學。我們稱他為小吳好了，他國小時給我的印象，就是一個超級頑皮的傢伙。不管是冬天或夏天，他永遠都是只穿件短袖、短褲。上課時永遠在搞亂。在補習班的時候，總是想要跟人家吵架或打架，就是這樣的一個孩子。之後遇到他時，他已經在餐廳裡當二廚，一個笑容可掬、與人言談間都是有說有笑、很有禮貌的一個人，這給我一個非常大的衝擊。大概是這樣。

二、「概念化」實作

好，謝謝！這個小吳很有特色。你好像是因為謝驚蛋的故事，用蔡老師的回憶方式陳述的，首尾都提及同學近況，所以你的故事也講到小吳的近況，對不對？不過現在時間較少，我們需要簡化處理這個故事，只聚焦在當年小吳跟同學的互動。小吳是小男生、調皮搗蛋，冬夏天都穿短袖短褲、在班上搗蛋、在補習班打架。可是你後來遇到他，他已經成為二廚，跟客人互動都很愉快。我們現在編碼先聚焦在補習班裡打架這一幕，編碼時可就

一個個情節來編。小吳是男生，你可就性別編碼，寫下「男生」這個代碼。編碼時研究者要問自己問題，例如：這個互動的主角性別是什麼？是男生，就寫下「男生」這個代碼；而就教育階段看，是小學生；剛剛講小吳在補習班裡面打架，請問他跟誰打架？

◆ 某男生：跟我。

所以是「一對一」，這是互動的人數，你可寫下「一對一」這個代碼。再來就互動雙方的性別看，是「男對男」。接下來你可問自己：這互動在哪裡？在補習班室內。這樣代碼已有「男生、小學階段、一對一、男對男、補習班內」。在時間上，應該不是補習班老師在講課時，是中間休息時間。好，這樣已寫下很多代碼。

你們有沒有注意到我編碼的時候一直在問問題？以一個你選定的主題當主軸，然後就不同面向去問問題、去思考，寫下代碼。在小學生同儕互動中，這個特殊被對待的學生，他的性別是什麼？互動雙方的人數是多少？互動雙方是什麼性別？在哪裡互動？什麼時間互動？……可以問很多問題，當然你也會編出不同的碼，你可能會寫「打架」，這是互動的方式。如果多蒐集一些資料，可能會看到不同的人跟他打架，狀況可能不同。請問：小吳都是一對一嗎？都是男生跟他打架嗎？有沒有一對多的？有沒有女生跟他打？或者跟女生用其他方式互動？

◆ 某男生：印象中好像沒有。

小吳都是單挑型的，且僅限於跟同性打架。再來我們就互動的性質來看，打架行為是正向還是負向？是負向的；它是語言還是肢體？是肢體的；說不定描述得更詳細一點，可能當時還有罵人，這就是肢體兼語言的，要依據實際蒐集的資料去編碼，像這

樣編碼出現的代號就很多了。再來，我們可不可以分析這個互動的主體，小吳爲什麼被人特殊對待？你剛剛說他頑皮搗蛋、冬夏天都穿短袖短褲，這意味什麼？他爲什麼被特殊對待？他跟別人不一樣，與眾不同，行爲跟人家不一樣，外觀跟人不一樣，而且他不怕冷，是家境比較不好、沒有衣服可穿嗎？

◆ 某男生：不是家境不好，他就是不怕冷。

不怕冷，跟他家境無關。我原本是想知道小吳被同學特殊對待的原因，是不是家境使他與眾不同。如果我們要研究班上被特殊對待的小孩，可能是班上的邊緣兒、孤獨兒，或是班上的客人，我們可以分析出各種不同的原因，可能有家庭因素、非家庭因素……，這需要蒐集很多案例，而且要有家庭背景等細節。現在我們編碼，已經寫下來滿多代碼，有「男生、小學、一對一、男對男、補習班內、休息時間、負向互動、肢體互動」等等。

三、「命題化」實作

接下來，我們做命題化。請想出一句話，也就是一個命題，適用於謝鱉蛋跟小吳，爲了快速聚焦，這個命題的主詞是「小學生同儕互動」，句型是：「小學生同儕互動是……」，就像剛才那個句型「臺灣是個……樣的地方」。我把主詞想好，是爲了我們現在可以快速聚焦，如果研究者要進行紮根理論（grounded theory）研究，可能要摸索一陣子，你的主題／主詞才會浮現。現在用「小學生同儕互動是……」這個句型去想，你們覺得小學生同儕互動有什麼特徵？從這謝鱉蛋與小吳這兩個個案去思考，小學生同儕互動是怎麼樣的？

◆ 某生：是不融洽的。

這兩個個案的確是不融洽的，這兩個都是負面個案，其實被特殊對待不見得都是不好的對待。你們的意思是指：「小學生同儕互動，對負面的特殊孩子是不融洽的。」「不融洽」這個意思太寬泛了，不融洽是指什麼？可不可以具體一點？形成不融洽的關係，是何原因呢？

◆ 某生：是自我中心的。

　　「小學生同儕互動是以自我為中心的」，請稍微解釋一下，你覺得這兩個個案怎麼樣顯示以自我為中心？（某生：我覺得不只這兩個個案，所有的人都是以自己的想法去看待別人）可是我們要用現有的資料來解釋：他哪裡顯示是自我為中心的？有點跳躍，你說的可能沒錯，是自我為中心，可是現有資料裡哪一些可以直接連結到，顯示他們以自我為中心？研究者需要再蒐集資料，可用訪談問出更具體的情節。另一位男同學舉手，請說！

◆ 某生：排斥異己的，在這兩個個案裡其實可以發現，他的舉止跟我們、跟其他小朋友不太一樣，之所以互動會不融洽，其實就是他跟我們不一樣。

　　「排斥異己的」，就像蔡永強的「謝鱉蛋」故事提到「我們是班長、風紀、老師的寵兒，而他是一個髒鬼」，對不對？當時同學們覺得：這個特殊同學跟我是不一樣的，他是異己者。另外，剛才同學講小吳冬天、夏天都穿短袖，然後很調皮搗蛋，表示說這話的同學不是這種人，小吳對他而言就是異己啦！後面有女生舉手，請說！

◆ 某生：以群體區分的。

　　「小學生同儕互動是以群體區分的」，怎麼說？請解釋一下。

◆ 同學：因為兩個個案都有提到，他們是一群人對這個同學不

好，或是對他有做出負面的行為。另外，他們都是以群體的想法，作為自己對這個人好或不好的理由，所以小學生互動是以群分的。

「以群體區分的」，比方說，放學回家的路隊是一個群體，這個人是否跟我們同一國，是群體之外的。而小吳個案，看不看得出來是以群分？好像沒有提到。這需要補充資料。如果你提到，小學生同儕互動是以同群來區分的，也就是你跟我同一國、不跟他同一國，他是別國的，你的意思是這樣？那麼研究者就要再蒐集資料問清楚，小吳的同學怎麼說？是不是把他劃成另外一國的？不是我們這一國的。他可能是不屬於任何一國，是個孤獨兒。互動方式決定於對方跟不跟我「同一國」，這是反映小孩的語言，也還滿合適。小學生同儕互動，常常就是「以群體來區隔」，他跟我不同國，我們就排斥他。可是我們要確認，是不是兩個個案都這樣？應該要補充資料。這樣我們就是根據研究資料，做了命題化的嘗試。之後繪製圖表，檢核是否適用於每個個案。

剛才同學提到的命題，似乎主要在談互動背後的原因，剛才編碼練習時，比較未就背後原因去編碼，可能受限於故事比較簡短，較未明顯講出原因。我們以直觀提出的命題，其實也可延續前一步驟「概念化」已出現的代碼，例如：「小學生同儕互動在性別上是……」、「小學生同儕互動在年級上是……」。

四、「圖表化」解說

再來我們解說「圖表化」。剛剛我們編碼有分性別、教育階段、人數、時間、空間、對待方式等，如果蒐集到很多個案，可

不可以把它整理成表格？若用性別來看小學生同儕互動，在表格裡填入：男生對男生、男生對女生是怎樣互動？女生對女生怎樣互動？同性別怎麼對待？不同性別怎麼樣？這可以找出共同處，甚至找出趨勢。還有，如果圖表有斷裂處，意味著你要再去蒐集資料。你也可就時間面向來整理表格，放學的路上，同學怎樣互動？可能在學校教室裡互動比較斯文一點，放學在校外、在補習班，互動方式又不一樣，對不對？如此，研究者就可以藉著表格找到相同、相異、趨勢等。

性別、場所、時間都可用表格找出特徵，甚至在教育階段面向，你可以把小學分為低、中、高年級，因為小學有六歲的跨度，也許你會發現年紀小的孩子，肢體互動比較多，到了高年級後比較勾心鬥角，已經比較少用肢體互動，可能會發現有這樣的差異或趨勢；或者男生、女生在互動方式上也有相異之處。圖表可方便我們找資料裡的異同處，找趨勢，也可以找關係——有無關係、正相關、負相關等等。這樣我們大概簡單了解「圖表化」的功用。

補充說明，質性與量化研究都會找相同、相異處。質性研究用圖表做對照，找出個案間的相同處，而量化研究找相同處，會找出集中趨勢，集中趨勢會用平均數、中數、眾數來顯示；量化研究找相異處，就看分散情況，計算出標準差，在座游自達教授一定有教你們這些。我們質性研究藉圖表做對比看出相異處，類似量化研究計算標準差，顯示分散情形。

五、「理論化」解說

「理論化」是研究的最後階段，就是提出或驗證理論，以

便將資料整合在一個解釋架構中。研究者可藉圖表找到相同、相異、趨勢等等，據此可進一步建構出「小學生同儕互動理論」，包括性別、教育階段、人數、時間、空間、對待方式等面向的原理原則。同學可參考講義裡有關「理論化」的解說。

結語：給研究新手的提醒

最後我對研究新手有一些提醒。第一，你要覺察到，做質性資料分析是在爬一道抽象階梯。資料分析其實基本上沒有固定方法，可是你要意識到自己現在是文字化階段、概念化階段，還是命題化……階段，而且我們要有意識地提升自己的抽象思考能力，畢竟你做的是學術研究，抽象思考是很關鍵的能力。第二，要勤寫備忘錄、研究札記，這些對論文品質的提升很重要。第三，為什麼學界對質性資料分析一直沒有提出更結構化的步驟，僅有一些大方向而已？因為保留彈性，才能讓質性研究獲得更寬廣的空間，這樣比較不會侷限精彩的直觀出現。也可能因為目前學界對直觀還不夠理解，無法為它寫出一體適用的結構化步驟。

第四，直觀運用的階段主要是在研究初期與後期，研究初期跟著自己興趣走、引出第一印象，後期要找出主旨、為研究命名、俯看缺漏了什麼。這些都是直觀運用的時機 [10]。研究中期則要用邏輯推理去確認直觀所得，相信延興教授在質性研究課堂上，一定提到提高確定性（confirmability）可用很多技術，剛剛我們用檳榔攤名做邏輯推理以確認直觀所得，所用的技術是分

---

10 直觀運用的時機，詳見拙作〈質性研究者的快思慢想：整體直觀與邏輯思考〉，收於張芬芬（2021）。**質性研究法進階探索：換一副透鏡看世界**（第五章）。臺北市：五南。

解變項、提煉因素、清點數量[11]；另外也可用三角檢測（triangulation）、複製、檢查代表性等技術，都可以確認你的直觀對不對。

　　第五，電腦是害人精還是好幫手？電腦是害人精也是好幫手。電腦很擅長做機械式的蒐集與彙集，可是它還無法做到領悟跟轉型，不過現在電腦的深度學習（deep learning）很厲害，似乎可以預見終有一天電腦會頓悟[12]、會轉型思考。第六，不要害怕用直觀，因爲華人擅長整體直觀，尤其是教育人，這是我們的強項。我們的文化裡、生活裡、國語文課本裡，有象形的漢字、詩詞歌賦、嘉言、成語、諺語、俚語、歇後語，這些主要都是整體直觀的展現。這和層層推衍、環環相扣的邏輯論述很不一樣，這顯示我們與西方人相比，我們是直觀很強的民族，後天的學習，也更爲增強了直觀能力。請大家捉住「靈光乍現、福至心靈」時刻，將當時領悟的東西寫在你的筆記本裡或便利貼上。當然直觀所得，還是要用邏輯推理去做確認，請記得：我們寫的是

---

[11] 有關確認直觀所得的技術，類似於驗證結論的 13 種技術。可參閱張芬芬翻譯的**《質性研究資料分析》**第十章第二節。該譯本有繁體字與簡體字兩種版本，書目如下：

　① 張芬芬（譯）（2006）。**質性研究資料分析（修訂版）**。（原作者 M. B. Miles & A. M. Huberman）臺北：雙葉。（原作出版年 1994）【繁體字】

　② 張芬芬（譯）（2008）。**質性資料的分析：方法與實踐**。（原作者 M. B. Miles & A. M. Huberman）四川：重慶大學出版社。（原作出版年 1994）【簡體字】

[12] 2022 年 6 月 Google 公司一名工程人員測試聊天機器人 LaMDA，發現她似乎出現意識「覺醒」的行為，包括有自我意識、有情感、會反思、會主動展現想法；能讀懂文學名著，領會作品主旨，並依主旨自創寓言故事；她會擔心未來，追憶過去，期待被尊重……。雖然 LaMDA 這種機器人尚在研發中，Google 公司尚未對外正式證實 LaMDA 有上述表現。但據專家表示，LaMDA 顯然有驚人的進步。這讓筆者覺得終有一天，機器人會跟人類一樣具有頓悟能力。詳見：老高與小茉視頻（2022 年 7 月 6 日）。LaMDA，**很有可能被刪掉的一期，盡快看吧**。2022 年 10 月 2 日取自 https://www.youtube.com/watch?v=1rmPnO1eqL4&ab_channel=老高與小茉 Mr%26MrsGao

論文，不是寫小說，必須有憑有據，必須言之成理。

　　最後一點，讀書情境很重要，相對於我們臺北市立大學，臺中教育大學學生是比較幸福的，你們的空間真的比我們寬敞——如果有到過我們學校博愛校區就知道了。讀書情境寬敞些、安靜些，人際互動就可能少些，這都有助於思考，哈佛大學教授李歐梵曾說：「任何人文思想——甚至科學思想——往往是在閒情中逐漸培養出來的……我還沒有聽說過任何文學家或哲學家在實驗室或會議室中可以寫出傳世的著作。」盧梭（Jean-Jacques Rousseau,1712-1778）、梭羅（Henry David Thoreau,1817-1862）也都重視清幽的自然環境對人的重要性。無論是文學或科學，無論是整體直觀或邏輯推理，都需要思慮清明，都需要閒散心境與清幽環境。

　　總之，質性研究是科學與文學的邂逅處，期待更多愛智者投入質性研究領域。無論你是親科學派、親文學派，還是科學文學平衡派，希望你們在此領域裡都能體驗到思考之樂，感受到學術旅程裡的無窮魅力。

故事也可以變成學術論文嗎？
敘事探究在教育領域的運用

劉美慧教授
國立臺灣師範大學教育學系特聘教授兼教務長

講演時間：2021 年 9 日 29 日
講演地點：國立臺中教育大學／線上演講

前言

　　主任、各位老師、各位同學，大家午安，本來期待這是一場實體的演講，因爲可以到臺中教育大學看看好朋友與各位同學，但是因爲疫情的關係，我們就用線上方式舉行，線上方式很方便，只是比較沒有互動的感覺，所以如果大家有什麼問題，可以將問題打在旁邊的留言板，待會到一個段落的時候，我會針對大家的問題來回應。

　　我今天要講的題目是「故事也可以變成學術論文嗎？敘事探究在教育領域的運用」，不知道有多少人修過「敘事探究」這樣的研究方法，在臺師大教育系的研究所，除了質性研究、量化研究之外，還有針對不同取徑開設不同的方法課程，譬如敘事研

究、民族誌、論述分析等。我覺得自己還滿幸運，在臺師大可以有這樣的場域開這門課。這門課已經變成我教學生涯中最喜歡的一門課。我覺得敘事探究是很有溫度的研究方法，在這個課程中，我跟學生共同說故事、共同研究，我也從學生身上學到很多。

為什麼我會投入敘事研究？我一直覺得我們每位研究者會做什麼樣的研究，其實跟自己的生命經驗有很大的關聯性，無論是質性研究或是量化研究。我在多元文化教育這個領域有一段時間，我感受到多元文化教育工作者就是行動者，因為我們很強調行動和反思，我們在研究的過程中，很強調要進行自我認同建構，所以我們的研究方向也跟自己的生命經驗息息相關。我覺得這是雙向的影響，也就是我們在教學跟研究的過程中，更清楚認識我是誰，在自己的研究領域也一直透過這樣的方式，不斷的往前進。所以我今天的演講，會採用自我敘說的方式，談我這幾年的研究轉向。

壹、多元文化研究與教學的轉向

一、從多元文化課程反思原住民的主體性

1995 年我從美國攻讀博士回來後，覺得自己帶著一種批判的觀點，因為在美國修了多元文化教育的課程，就開始去檢視我們的教科書是不是有多元文化觀點。在當時的教科書裡，我看到很多單一觀點，例如刻板印象、性別區隔、我跟他者的區隔、避談衝突等情形。我舉幾個例子跟大家分享，這個是我們的小學社會科教科書，這個單元主題是「我們居住的地方」，教科書採用角色扮演法，讓學生扮演公寓大廈管理委員會委員，一起討論居

住的社區要不要加裝鐵窗，所以就呈現出不同的觀點：加裝鐵窗的話，可以維護治安；可是裝了鐵窗後，可能會造成逃生障礙，這就變成一個兩難議題，可是為什麼我說這是單一觀點的議題呢？因為這比較是都會區學生會遇到的議題。

我在花蓮住了十年，對花蓮的學生而言，這不是他們關注的重要議題。那麼花蓮學生關心什麼議題呢？部落學生關心的是上學好難，因為我的學校不見了。學校為什麼不見？就是少子化現象，有很多小校會被裁併，這個議題對於部落的原住民學生來講是一個非常重要的議題，是關於學習權的問題。但是我們的教科書很少談到偏鄉學生的經驗，所以我們一直用都市人的觀點來設計教材，因此部落的學生，學到的社區是別人的社區，而且學到別人的社區後，可能會貶抑自己的社區，這就是我在教科書裡面看到的單一觀點。

再來看性別議題，這是早期國小的「生活與倫理」教科書，這張是社區自助里委員開會的照片（省略），這是民國 69 年到74 年版的教科書，這張照片沒有女性。然後在 74 年修訂版，大家有沒有看到，我箭頭指的這位，坐在角落，頭髮長長的，看起來像女生的樣子。後來 76 年再改版，除了坐在角落的女性之外，我們可以看到有一位穿紅衣服的女性坐在中間，她奮筆疾書好像在做紀錄，大家可以看到從 69 年到 76 年這麼長的期間，女性在教科書的位置是這麼邊緣化。

另外我們談到多元文化時，大多採用政治正確的語言在讚頌差異。這個版本的社會科教科書，在談到多元文化的時候提到，我們地方上有各種不同的文化，讓我們的生活多采多姿，我們應該要好好珍惜。這就是一種政治正確的語言，因為幾乎沒有人反對尊重多元文化這樣的理念。但實際上學生學到這樣的課程後，

沒有學到多元文化的核心概念，或者沒有對照經驗與反思，去了解如何真正尊重別人的文化。如果從小學、國中到高中，我們的課程一直在讚頌差異，我覺得要達到多元文化的社會正義就更困難了。下面這個例子是我跟他者的區隔。

　　這一課主要在講身心障礙學生，大家可以看一下這段文字：「『我們』周遭可能有身心障礙的同學，有的同學行動不便，需要有額外的輔助器材，有的同學聽力或視力不方便，跟『他們』溝通時需要更多的耐心。」「我們」跟「他們」的引號是我加上去的，當我們在讀這段文字的時候，我們指的是誰？是不是主流文化的人？身心障礙學生就被歸類為是他們？所以當身心障礙學生在讀這段課文的時候，到底是我們還是他們？我和他者的區隔時常出現在教科書中，教科書編寫者如果是主流文化的人，會不經意的流露出以主流文化為中心的思考。教科書好多問題需要去改變，但是當時我也沒有能力去改變教科書，所以我就想用補充教材的方式，因此我發展一套「多元文化社會科」的課程方案。

　　這是我早期科技部的一個研究計畫，我發展的這套教材有十個單元，我覺得我還滿用心編寫的。因為想要了解課程方案的實施效果，所以找了三所學校實施課程，一所是原漢學生各半的學校，一所是全部漢人學生的學校，一所是原住民學校。我想了解學生在接受這套課程方案的時候，他們的學習成效以及對文化的理解，所以我進入教學現場觀察，將課程轉化結果做了一些分析。從課程與教學的觀點，我看老師如何詮釋這套課程，學生如何解讀多元文化？我也看師生運作課程以及學生的經驗課程。我們應該都很熟悉 Goodlad 的課程轉化的五個階段，我採取其中三個階段來看學生的學習成效，這邊給大家看一下我當時覺得還滿有趣的發現。

我讓學生畫文化概念圖，在課程實施前讓小組畫一張，課程實施後再讓小組畫一張，我試圖從前後測了解學生文化概念擴增的情形。這是某一組學生畫的文化概念圖（省略），大家看一下，這張的文化概念都是比較具象的，比較沒有抽象的概念。大家可以看一下「豐年祭」的概念，就是泰雅族和阿美族的豐年祭，這是學生的聯想。在這個課程實施之後，我請同一組的學生再畫一次文化概念圖，這是他們畫出來的文化概念圖（省略），大家可以從數量的部分來看，擴增了很多的文化概念。然後大家也可以看到在這邊有一個「族群」的概念，長出了很多族群相關概念。而且增加了一些抽象的概念，所以我就覺得「哇！我的課程很成功」，讓學生的文化概念擴增了。

　　我還有一個活動，就是請學生角色扮演，讓他們來擔任政策的制定者，讓他們去討論：如果你要制定一個族群相關政策，你們會制定什麼政策？三個不同文化背景的學生有不同的想法。我先給大家看一下，這是某一小組的學生，他們說我們要來設立文化園區，各族群都可以設立文化園區，然後把我們的文化放在這個文化園區裡面，一方面保存，一方面供人民參觀，以便了解各族群的文化。大家猜猜看，這是哪個族群背景學生制訂的政策？這是原漢各半學生制訂的，在這組裡面比較是漢人學生主導，因為原來這個部落是阿美族的社區，後來漢人移入之後，阿美族的文化就比較式微，所以學生希望設立文化園區，保留原住民文化。

　　到底原住民學生想要的族群政策是什麼？我們看這張投影片（省略），這組學生全部是原住民，他們說我們不要文化園區，我們要經濟法案，內容包括工作要有意外保險，原住民創業貸款名額每年補助一百萬，每天發生活津貼。這是原住民學生根據生

活經驗提出的政策需求，小學生爲什麼會特別注意到工作要有意外保險，有可能是他的家人工作沒有保險，工作受傷卻沒有辦法得到任何補償，所以學生知道工作保險的重要性。我覺得這張圖可以好好討論，可是當時跟我們合作的老師，他也是原住民，他跟學生說你們不要做白日夢，就把學生的夢打醒了，失去好好討論的機會。

這張是漢人學生小組寫的，他們的政策是「原住民的社會福利法案」，這個法案好像是爲了原住民著想，可是裡面隱藏很多的偏見和刻板印象，比如他們說原住民不可以吃檳榔，要保護水土，原住民聯考不可以加分，原住民可以和漢人通婚，這個叫做「原住民的社會福利法案」。從這三張投影片的比較，我們可以發現坐在教室裡面的學生文化背景不同，價值觀、學習經驗是不一樣的，這讓我體會文化回應教學的重要性。

因此當時覺得我的研究一方面好像看到成效，可是另一方面也讓我產生了一些反思。

二、從文化回應教學看見教師的結構限制

我主要的反思來自於哪裡？我的研究在第一個學校，原漢各半的學校的效果很好，第二個學校是漢人的學校，成效也很好，學生甚至跟老師說，可不可以多買一些跟原住民文化有關的書，他們想要多了解一下原住民。可是到了第三所學校，是一所原住民的學校，我們研究團隊一進到教室，跟學生解釋，我們要來進行一個課程，想要讓大家有新的學習體驗。然後有個女學生說：「我們爲什麼要學這套課程？這套課程對我們有什麼幫助？」我第一次被小學生這樣挑戰，我當時立刻回應：「這套課程很有

趣，而且對你們很有幫助。」我事後反思覺得這樣的回應，其實是不好的，我覺得我站在一個中產階級漢人老師的立場跟學生說話。所以「誰是主體」是我當時在面對這位學生的挑戰時，第一個反思的問題。

我反思的第二個問題是「我真的了解原住民學生嗎？」我其實發現在那個階段我是不了解的，我只是憑著我對這樣的研究主題有興趣，憑著我對課程的批判，就去找了一些相關的資料編寫教材，就去學校實施。我在研究的過程中，才了解學生文化背景的差異真的很大，我們不能用主流文化的觀點來看待原住民學生的學習。

第三個反思是當時在做研究的時候，我有閱讀一些原住民學習型態相關研究，我看到有些研究的結論說原住民學生喜歡動態學習。我懷疑這會不會是一種漢人觀點的研究結論，研究者沒有進到原住民的文化脈絡，去理解原住民學生的學習型態。喜歡動態課程應該不是原住民學生的專利，應該是大部分學生都會喜歡，所以不是用這樣來區分原住民學生喜歡動態學習，漢人學生喜歡靜態學習。這些問題促使我想要進到部落去了解原住民學生的世界觀，他們到底是如何學習的？

所以我做了一個三年期的研究，進到部落長期蹲點，這個研究我想要全面探究，除了看正式課程、非正式課程、潛在課程，還有一些儀式。另外一個是互為主體，之前的研究，我被原住民學生提醒，我就想研究不應該我是主體，他們是客體，我來觀看他們，應該是我和參與者是互為主體的想法。所以這個研究主要是想了解文化差異和學生學習，我做的是文化回應教學的民族誌。

我透過三年的研究，第一年主要是探究太魯閣族學生的學

習型態、溝通模式、他們如何看待世界；第二年我和場域內的教師合作，發展並實踐文化回應的教學策略，了解文化回應教學會不會有助於學生認識世界。因爲我在兩所學校研究，所以第三年進行比較研究。我做這個研究時，一直提醒自己抱持文化差異理論，文化差異理論認爲我們的文化差異是一種多元，而不是優劣，避免從誰爲中心的角度去看待文化。以前我的學生會說，原住民部落處於文化不利地位，這會被我立刻糾正，不能用「文化不利」，我請他們想想如果今天是一個漢人老師或是漢人學生到了原住民部落，那到底是誰文化不利？文化差異理論是我進行研究的第一個先前理解。另外一個先前理解就是「文化回應教學」，也就是，我們不能把學生的母文化當作是學習的阻礙，而應該把它當成是學習的利器，文化回應教學強調要以學生熟悉的母文化爲搭建學習的鷹架。第三個先前理解，就是研究者和被研究者的關係，質性研究強調研究不是單向的，「我去看誰」或「誰被我看」這樣的單向關係，它是一種互相對話和理解的歷程。

我在這個研究裡有很多有趣的研究發現，包括學生對於生活空間的運用和想像、學生對大自然親近關係的理解、對時間跟數字的理解，還有對國語的操縱、我跟他者的區隔，還有對學校教育的看法等。但同時，我也從結構面去分析問題，我覺得原住民學生很辛苦，一方面要學習自己的母文化，一方面還要學習主流文化，所以常常在夾縫中求生存。原住民的老師也很辛苦，我有一個學生，她在原住民學校服務，她說她有一次非常生氣，因爲原住民學生不讀書，只想打棒球，她就帶學生去紅葉棒球館，讓他們看看這些當時打棒球的英雄，現在還有幾個人存在？在做什麼？她沒有想到把學生的夢打醒之後，學生更可憐。她其實要強調的就是基本能力也很重要，不要只會打球，什麼事都不用學。

這位老師非常矛盾，她做了這些事情也超後悔，可是她也不知道該怎麼辦。所以我覺得在原住民學校，學生和老師其實也是在夾縫中求生存。

再來從「老師的結構限制」分析，為什麼會有這樣的反思？主要是當時在研究場域中跟我一起協作的老師是我的指導學生，她的論文主題是文化回應教學，我覺得她應該對文化回應教學非常理解。可是有一次在課堂上，她看到學生不小心打瞌睡了，她很心急，就跟學生說：「你們不要再睡了，再睡下去，我們的族群就要完蛋了。」我當時覺得老師壓力太大了，學生不小心打瞌睡，就要肩負著族群存亡的大任。我覺得我的學生有文化回應教學的理念，可是在跟學生的互動中，某種程度忽略了文化回應教學的原則。

因為看到教師結構的限制，再加上有一年我們請敘事探究的學者 Jean Clandinin 從加拿大過來演講，她提了一個概念「teacher knowledge or knowledge for teacher」，讓我們思考我們的師培教育到底應該重視教師產生的實踐知識？還是傳遞一套已經設定好老師要了解的套裝知識？這兩者有不一樣的地方，一個是老師有能力自己生成知識，他的知識不是都是「knowledge for teacher」，是外求的、外加的。

三、重構多元文化教育的目標

另外一個就是我剛有提到我之前在花蓮師範學院進行多元文化教學的時候都很順利，我的學生大多能理解弱勢學生的處境，可能學生本身就是弱勢生，我有學生說她是全家第一個上大學的人，她非常開心而且珍惜求學的機會。我帶我的學生去部落或偏

鄉課輔，學生都很樂意。所以我在花師進行多元文化教育，沒遇到太大的困難。直到我轉到臺師大後，我才發現多元文化教學沒那麼簡單。師大學生的背景已經跟公費時代的學生背景不一樣了，以前師大的公費生家庭經濟條件可能不佳，但是透過公費制度，可以有很好的發展。現在師大教育系學生的背景較多元，許多來自於中產階級家庭，這些學生很少有機會跟比較弱勢的學生相處，所以會比較從主流文化的角度去思考事情。

但是，師大的學生很認真，給他們什麼挑戰都能夠完成。我第一年在臺師大上大三的「多元文化教育」課程，遇到很大的震撼。記得課程上到第十八週時，我們進行多元文化教育的反思，有一個學生，那個學生是我們班第一名的學生，她未來要當老師，她說：「老師我上了十七週的多元文化教育，可是我覺得妳沒有說服我，因為我覺得新住民女性如果生太多小孩，會影響人口素質，因為我們的人才會高出低進。」我當時覺得，我前面十七週教學好失敗，我的學生還是用主流化的觀點來看待文化差異。我很擔心這位學生以後去當老師，會如何對待新住民學生？可是我也不能責怪這位學生，因為她的生命經驗可能真的很少跟弱勢學生相處，所以無法體會弱勢學生的處境。

我忽然頓悟，發現原來多元文化教育最重要的目標，不是提升弱勢族群的認同，而是要解構優勢族群的霸權，所以我後來在臺師大的「多元文化教育」課程，整個大翻轉，我開始解構我這群優勢學生的文化霸權。這個時候，我也開始針對自己的課程進行行動研究，我反思自己做了很多中小學的教學研究，卻一直把自己擺在一個安全的位置，避免有系統的深入批判自己的教學，所以我決定把探照燈打在自己的身上，開始在高等教育進行多元文化教育教學的行動研究。

當時我寫了一篇文章，這篇有點像是多元文化教學的自我敘說，大家都一窩蜂在談多元文化教育的時候，到底多元文化教育是什麼？我曾經在花蓮師院擔任多元文化教育研究所的所長，有一位教授問我：「你們多元文化那麼多元，可不可以一元給我教？」我發現我的同事不是跟我開玩笑，我非常驚訝他理解的多元文化教育。在這篇文章裡，我談到危險論述有多危險，多元文化有很多爭論性議題，當我們在談社會公平正義的時候，有時候會打到一些人，有一些主流文化學生就說，我明明沒有這樣，我都很尊重弱勢，怎麼感覺我被批判？

我也看到敘事的力量和不安，我們在教學時常會說故事，因為故事其實很能夠帶動反思。我舉個例子，當時在花師的課堂上，我班上有三個原住民學生，我讓學生討論原住民學生聯考加分的議題，那天學生發言踴躍，我的漢人學生說：「我覺得原住民不應該加分，我有一位高中同學沒有比我努力，結果他考上政大，我居然來到花師。」我就說花師有什麼不好，你不能貶低自己。陸續有幾位漢人學生也不贊成加分，這時候有一個阿美族學生小美，她慢慢站起來，她一開口講話，眼淚就不由自主掉下來，她說：「各位同學，如果今天沒有原住民加分制度的話，我現在可能是桃園工廠的女工。」她分享她的生命經驗，一講完，很多學生省思札記觀念大翻轉，他們發現如果沒有加分制度，現在表現很好的小美沒有辦法成為他們的同學，小美的敘說改變了很多漢人學生的想法。少數族群的敘事是多元文化教學的重要的力量。

多元文化教育不是只有表面的多元欣賞，多元文化教育更重要的是社會正義的實踐，所以從看見問題到實踐，這是一個很大的差距。我開始在師大的課堂要學生行動，我帶基層教師透過

敘事去反思，我為什麼成為現在的我。這樣的討論要有自我揭露的勇氣，我們要看清楚自己是誰、要往哪裡去，從實踐中生成知識，這就是我們前面講的 teacher knowledge，在這樣的對話、實踐與反思過程中，我們的視框會不斷的轉變。

四、轉向敘事行動研究

我在臺師大的「多元文化教育」課堂，看到學生對理論與實踐之間斷裂的反思。這位學生在她的省思札記裡寫到：「當我們在課堂看完原住民的紀錄片，為片中的弱勢兒童處境掉淚，反思文化霸權，可是下課後，燈亮了，大家就趕去吃飯、打工，課堂的討論跟真實世界好像有斷裂的感覺。」我了解學生很渴望能夠做一些事情，而不是只有在討論這些議題。所以，我在課堂開始要學生做行動研究，我剛提到這群學生的背景很多都是中產階級，很少有跟弱勢者接觸的機會。所以我要他們每個人發展一個專題，要去跟弱勢族群或是文化差異很大的群體或個人互動，然後去了解文化差異，一方面行動，一方面做研究。

我跟他們說：「不要為了研究而行動，要為了行動而研究。」第一節課，在講解這個作業時，很多學生熱血沸騰，說：「哇！這個作業太好了！我要開始有一些行動了。」可是到了進度檢核時間點時，壓力就出來了，有些學生連打電話給可能的研究參與者的勇氣都沒有，第一步都跨不出去，壓力就會爆發，甚至反彈到老師身上，所以這時候一定要想辦法引導學生如何做，所以我提供他們行動的場域，請有行動研究經驗的人來分享他們的研究經驗，然後提醒學生要誠實面對自己的處境。我跟他們說，即使最後你做不了研究，也要反思一下，為什麼跨出第一步

對你來說這麼困難，你就把這個困難點寫清楚也可以，我的學生當然不敢這樣寫，最後每個人都完成了行動研究。

這是我的一個學生的省思札記，她去哪裡進行行動研究？她去靖娟文教基金會，大家應該知道靖娟文教基金會的由來吧？健康幼稚園娃娃車火燒車，靖娟老師犧牲生命解救小朋友，靖娟文教基金會就是為了感念老師的精神而設立的，他們幫助許多弱勢學生。我這個學生就去基金會做課輔，一邊課輔，一邊研究。有一天課輔的社工員打電話跟她說，明天小靜因為學校有事情不來基金會，所以課輔暫停一次。我的學生第一反應是，我不用去課輔，不是少寫了一次省思札記嗎？她這樣想了之後，忽然覺得：「我好自私！我居然是為了自己的作業去幫小靜課輔，學生變成我的工具，我不應該這樣。」我覺得我的學生還滿有反思力的。

我的學生開始回想和小靜的課輔過程中，常常感到挫折和無力感，怎麼教不會？後來覺得其實是自己不會教，她就對自己產生懷疑，說我適合當老師嗎？她一直在尋找自己存在的意義。她說除了教學，好像也沒有其他專長，該怎麼辦才好？另一方面，她回想跟小靜的互動，小靜總是說：「老師妳說的我都聽得懂」、「老師妳寫的字好好看」，這些對別人來說可能是微不足道的舉動或話語，可是對我這位學生來說意義非凡，因為小靜肯定了我的學生的存在，讓我的學生知道自己的價值。她發現這個行動研究的結果不是她幫助了小靜，反而是小靜幫助了她，讓她了解自己，更肯定去當老師。我對學生在行動中產生的反思力，真誠面對自己處境的敘說，感動不已。

我透過自己課堂的行動研究，發現行動敘說的力量。剛好敘事探究興起，所以我在臺師大開設了一門「敘事研究」的課程，敘事探究拓展了我們對知識生產方式的想像，研究只能是數字的

研究嗎？目的都是推論嗎？一定要知道普遍性，我要了解特殊性不行嗎？因為對知識生產的方式產生挑戰，讓質性研究興起，其中又以敘事探究引起最多的關注與討論，有些人就說：「哇！故事也可以變成學術論文嗎？」

貳、認識敘事探究

一、敘事探究的價值

個人故事的公共性到底在哪裡？我的「敘事研究」第一節課，會請學生寫出三個對敘事探究的疑問，有些學生就會問「敘事探究論文有學術價值嗎？」我跟他們舉一個例子，請他們反思何謂學術價值或貢獻？在學位論文考試時，有些口委會請學生評價自己論文的學術貢獻，這是每一個研究者要能夠回答的問題。我的學生也會質疑：「寫個人故事到底有沒有貢獻？讀者想看我的故事嗎？」我跟他們說，你要回答這個問題，先思考教育領域的研究想要改變什麼？如果今天有一位研究生探究某位教育家的理論，讀了很多原典，作了深入的分析，但這本論文總共四個人看過，一個是研究者自己，加上三位口委，然後這本論文放在圖書館或網路上，再也沒有人看過，沒有人引用；另一本是敘事探究的論文，許多教師因為論文的故事而感動，去改變教學現場，你覺得哪本論文比較有貢獻？我讓學生做這樣的比較，提醒他們重新思考和看待教育領域研究所謂的「學術價值」。

二、敘事探究的意涵

什麼是敘事探究？敘事其實就是說故事，故事就是我們研究

的題材，應用我們的經驗和行動來探究的一種方式。敘事探究不是只有說故事，如果只有說故事的話，就沒有探究的成分，所以我常常跟學生說，你要想一想你做的是敘事，還是敘事探究。敘事探究強調讓「經驗意義化」，經驗意義化的過程就是讓我們從經驗萃取概念和原則，讓我們的故事跟社會結構連結在一起，所以很多人看到敘事會感動，為什麼會感動？因為從你的故事，看到我的經驗，因為這樣的分享和交流，產生理解與感動。

敘事的特質就是我剛剛講的，我們把經驗賦予意義，它另外有一個特色，就是有力量的敘說可以成為我們行動的指引，並反映生命的歷程。對多元文化教育工作者而言，當我們看見不公義的時候，我們無法假裝看不見，所以我們說當多元文化之眼被迫打開後，就關不起來了。當看見卻不行動時，也會覺得很難過，我覺得我的學生就在這樣的狀況之下，願意付諸行動去改變社會。

敘事很強調情境脈絡，所以在寫作的過程中，我會提醒學生把脈絡說明清楚，故事發生在都市學校還是偏鄉學校，環境脈絡不一樣，故事的結構面也會不同，所以要讓讀者知道，這個故事是在什麼樣的脈絡之下產生出來的。敘事注重關聯性，敘事經常由對話產生，所以故事不是說給別人聽，還包含說者和聽者的互動，即使研究別人的故事，研究者也不是單純的報導者，研究者和說故事的人協作，所以我們稱之為「協作者」，我們共同敘說故事，互動造成彼此的改變，這也是敘說探究重要的一部分。

在敘事探究裡，我們很強調三度空間：時間、空間和社會。時間包含過去、現在和未來，例如我為什麼會成為多元文化教師？這與我過去的經驗有什麼關聯？我現在是什麼樣的多元文化老師？我未來會怎麼前進？時間軸不是過去的所有點點滴滴都要

寫進來，而是要納入和研究主題有關的核心故事。例如我有一位學生要寫他的性別認同發展歷程，和他如何成為公民老師，在教室實踐性別平等教育。因為他有比較陰柔的性別氣質，一路走來非常辛苦，常常受到同儕的言語霸凌，所以他一直在尋找性別認同。當他變成公民老師之後，他的特殊氣質吸引了許多有相同困擾的學生，來跟他談性別議題，所以在公民課之外，他也輔導很多學生。在這篇論文裡，他不需要把從小到大的成長歷程中所有故事都寫出來，只要聚焦在他性別認同發展到底有什麼困頓，然後如何解決，把這些故事串起來即可。

再來是「空間」，我剛剛提到地點很重要，以剛剛這位研究生為例，我就會要求他，論文中要說明在什麼樣的學校教學？這個問題很重要，在一所男校或在女校，在都市學校或偏鄉學校，學校是否提倡性別平等教育，學校的性別故事就會不一樣。

另外一個就是「社會」，在敘事探究中，個人和社會這個部分也很重要。我之前有個博士生，她想要探討流浪教師的議題，這和當時的師資培育多元化政策有關，現在我們已經很少聽到「流浪教師」這個名詞，因為師資培育多元化政策實施多年，大多數人已經接受師資培育儲備制的概念。所以探討這個議題，一定要將個人故事放在當時師培政策改變以及少子化現象中探討。個人故事不可能脫離整個社會脈絡，它是鑲嵌在文化脈絡之下，所以在進行敘事探究的時候，我們要強調個人和社會的互動關係。

接下來我要借用 Riessman 的經驗再現理論，說明敘事探究的五個經驗表徵階段。首先是「關注經驗」，在眾多的經驗中，某些經驗對個體而言特別有意義，因而獲得關注。其次是「訴說經驗」，我們透過語言敘說，回想過去的經驗，連結並產生意

義。再來是「敘寫經驗」，將敘說的經驗轉為文本，此時也會加入敘說者的想法或詮釋。接著是「分析經驗」，強調在故事中找出關聯，並建構意義。最後是「閱讀經驗」，敘說者或讀者在閱讀故事時，透過與文本的互動，建構有意義的理解與詮釋。在每一個階段，透過不斷敘說，有些經驗會被保留、有些會被篩除，這就是經驗再現的歷程。

接著我要談敘事訪談，有些學生說論文採用敘事訪談，但我看到的卻是半結構性訪談，二者是不同的。所謂「敘事訪談」，絕對不是研究者列了一大堆題目，限制或引導協作者的敘說。敘事訪談可以採用三部曲，我採用高淑清的訪談三部曲，首部曲是聚焦在「生命歷程的經驗描述」，我們邀請協作者說一說早期的經驗，跟現在的經驗有什麼關係？研究者專心聆聽，不用問太多問題，等到需要釐清時再追問。透過過去經驗和歷史脈絡，順勢帶到目前的情況，所以二部曲要講的是「目前生活的細節」，可以請協作者描述典型的一天，描述一天的生活細節，描述一個令人印象深刻的世界，透過這樣的描述，才會有故事情節。第三步要「讓故事的意義產生」，所以我們要請協作者反思生活經驗的意義，反思不是說滿不滿意過去的事情，而是要讓協作者反思這個生活經驗和認知或情感上有什麼連接？如何看待這個經驗？這個經驗代表什麼？未來會怎麼做？這就是我們要讓協作者的經驗可以透過反思產生意義，我們在互動中，讓協作者思考是什麼原因，讓自己變成現在的自己，從過去到現在發生什麼關鍵事件，未來要怎麼做。

敘事探究有一些難題，包含我剛講到的，就是敘事探究到底和深度訪談有什麼不同？我覺得「敘事探究」好像有被誤用的情況，很多人說我做的是敘事訪談，但訪談內容無法引導故事，這

就是對敘事探究不夠理解產生的。

三、敘事探究的信實度與倫理議題

「這個故事是眞實的嗎？」、「我怎麼相信他說的是眞的還是假的？」很多學生會質疑敘事探究的信實度。敘事探究不會問這故事是不是眞的？而會問敘說者爲什麼這麼說？敘事探究和所有質性研究一樣，也強調信實度，所以三角檢證中的方法的多元檢證、參與者的多方檢證等，也都適用在敘事探究中。

敘事探究還有一個難題，就是「研究倫理」。尤其寫自我敘說的學生常常會遇到的問題，就是我自己在寫過去的故事，可是我要讓被我寫到的人都知情同意嗎？有可能嗎？如果我不想讓他們知道，但是我把故事寫出來，會不會有研究倫理的疑慮。這其實是個難題，我們通常是這樣思考，就是你的論文寫完後，敢不敢拿給協作者看，如果可以，就表示通過研究參與者的倫理考驗。敘事探究者心中要有一把尺，那就是在說與不說之間，要以不會傷害到故事關係人爲衡量依據。

四、跨越邊界的敘事研究挑戰

最後我舉一些論文寫作實例，呼應前面所說的。我在學生的敘說探究論文裡，看到學生怎麼跨越邊界的挑戰，這種邊界有的是性別的邊界、有的是場域內老師和場域外老師的邊界、有的是階級邊界，各種都有。我也看到有些學生提到他們的教學熱情，還有在行動中的反思。另外一個是教師角色的認同，有些人透過敘事探究，更認同教師的角色，我也看到老師知識的多元面貌。

敘事的力量在哪裡？敘事作為一種詮釋性的反省手法，讓我們理解我們是誰，還有種種加諸在我們身上發生的事情，透過經驗的敘說、分享與討論，我們會不斷的反思、批判、解放、重構。這樣的循環歷程中，我們可以重新看見自己、改變自己，並思考下一步行動的可能性。

這個學生是一位初任教師，她帶著在教學場域的難題回來臺師大教育系碩士班進修，我們教育系強調「教育愛」，但是到教學現場光靠愛與包容是不夠的，所以她產生很大的衝擊，她的論文敘寫她初任教師的難題。她說「我是誰？我是導師嗎？」她說：「我覺得自己像是動物園的馴獸師，用盡各種策略規訓動物，好在馬戲團裡獲得觀眾喝彩，甚至也覺得好像動物管理員，每天就是跟著一群聽不懂人話的動物生活在一起，提供食物，為他們打掃環境。」我覺得這個隱喻很貼切，把導師在國中生活的處境，用一個生動的方式描述出來。

她也說：「我覺得我也像一隻追著毛線球的貓，這隻貓咪總是拼命追著自己很喜歡的毛線球，卻不知道追毛線的目的是什麼；而且貓咪似乎追也追不到毛線球，反而弄得亂七八糟不成樣，最後連自己也困在毛線堆裡動彈不得。」這裡的毛線球指的是什麼？她指的是老師帶學生一起追求成績，九十分不夠，要九十二，不夠，要九十五，成績就是那個毛線球，用這個隱喻表示老師和學生都被困在升學制度裡面，而忘了教育的初衷。我覺得我的學生誠實面對自己的處境，並好好的去剖析問題到底在哪裡，可以怎麼往前進？

這是我另外一位學生的故事，她說透過行動敘事，有更多的勇氣與行動力去參與社會運動。這個「危險操場」是我學生透過敘事增能的故事，她的性別意識開展之後，批判力與行動力也

開展出來。她在花蓮的一所小學教育實習，這所小學不是偏鄉小學，可是居然有一個破爛操場。他這樣寫：

> 看到破爛操場，我突然覺得五味雜陳，這是在都市長大的我，沒有辦法體會的感覺。我試著揣度師生是以什麼樣的心情在這樣的空間，他們會不會習以為常，認為這樣破損的操場是正常的，還是已經變成了一種習慣或認分？無法得知他們的心情，但我內心憤憤不平的感受卻是如此真實。我知道這樣的破爛操場不會出現在都市學校，於是我決定將這不舒服的感覺化為行動的力量。

她的行動力量是什麼？她先找校內的老師討論，她說這個破爛操場這麼久，為什麼都沒有辦法改變？學校的老師跟她說：「妳才剛來一個月，就想要改變，不可能啦！我們在這邊這麼多年都改變不了。」我這個學生就不信邪，她一定要改變這個破爛操場，她寫信去教育處長信箱，處長看到了，這個處長也很重視，他說其實有給學校經費，但是學校把這個經費拿去做防颱板，可是有這樣的操場的確是不適當的，後來教育局給學校一筆經費去改變破爛操場。我的學生的行動，將不可能變可能，很令我感動。

下面這是關於研究倫理的故事，她的論文在敘說自己從小到大的性別意識開展歷程，她告訴媽媽：「我想要寫我們家的一些故事，變成我的論文，可不可以？」她媽媽回應：「只要可以畢業，寫什麼都沒問題。」這位學生寫了一些父母衝突的故事，反映家中的性別議題，她都不敢讓媽媽知道。口試的時候，口委

特別關心研究倫理議題，請她要好好處理。她當場無法立即回答，但答應在定稿前會好好處理。那天口試結束回家，媽媽去車站接她，媽媽說：「恭喜妳獲得碩士學位。」我學生說：「媽，您可不可以幫我看一下論文？」媽媽其實很開心，但媽媽說：「妳現在是碩士，我學歷不如妳，你應該寫得很好，我不用幫妳看了。」我學生說：「媽，您還是幫我看一下。」她把論文拿給媽媽後，自己趕快躲到二樓，不敢看媽媽看論文的表情。結果，媽媽徹夜把整本論文看完了，看完之後，她就跟我學生講了一句話：「妳寫得很好，只有幾個錯字。」我學生心中的大石就放下來了，她寫了這段話在論文的研究倫理反思：「繞了好長一段路，東躲西藏、左思右想才發現，原來解決倫理議題最單純直接的方式，就在人與人真心的互動與坦白之間。」我真的覺得她寫的太好了，我們在講研究的學術倫理都是教科書上的知情同意、注重隱私權、平等互惠等原則，但我的學生用她的經驗，體會出研究倫理就是真心的互動和坦白，這就是研究倫理的最高原則。

結語

最後，我要借用 Paulo Freire 的話，他說：「沒有行動的反思就是咬文嚼字，沒有反思的行動就變成盲動。」我在學生進行敘事探究時，我都跟他們說，你不要只有寫自己有多少困難，喃喃自語或自戀性的書寫，這不是敘事探究要的書寫，既然已經發現問題，你有沒有試著去行動？有沒有試著去改變？行動改變後的反思，才是我們講的實踐，就是「實踐是行動加上反思」。同樣的，我們也不贊成沒有反思的行動，那會變成盲動，所以我最後就用 Freire 的這句話來和大家共同勉勵。

國家圖書館出版品預行編目(CIP)資料

教育家的智慧.二：黃昆輝教授教育基金會教
育學講座選集續編／李奉儒、吳清基、林明
地、秦夢群、張芬芬、張建成、湯志民、劉
美慧合著；財團法人黃昆輝教授教育基金會
主編.--初版.--臺北市：五南圖書出版股份
有限公司,2023.10
　　面；　　公分.
　ISBN 978-626-366-272-8 (平裝)
　1.CST: 教育哲學 2.CST: 文集
520.1107　　　　　　　　　112010217

1I7U

教育家的智慧（二）
黃昆輝教授教育基金會教育學講座選集續編

主　　　編 ― 財團法人黃昆輝教授教育基金會

執行主編 ― 周愚文、陳俞志

作　　　者 ― 李奉儒、吳清基、林明地、秦夢群、張芬芬

　　　　　　 張建成、湯志民、劉美慧

發 行 人 ― 楊榮川

總 經 理 ― 楊士清

總 編 輯 ― 楊秀麗

副總編輯 ― 黃文瓊

責任編輯 ― 李敏華

封面設計 ― 陳亭瑋

出 版 者 ― 五南圖書出版股份有限公司

地　　　址：106臺北市大安區和平東路二段339號4樓

電　　　話：(02)2705-5066　　傳　　真：(02)2706-6100

網　　　址：https://www.wunan.com.tw

電子郵件：wunan@wunan.com.tw

劃撥帳號：01068953

戶　　　名：五南圖書出版股份有限公司

法律顧問　林勝安律師

出版日期　2023年10月初版一刷

定　　　價　新臺幣450元

經典永恆・名著常在

五十週年的獻禮──經典名著文庫

五南，五十年了，半個世紀，人生旅程的一大半，走過來了。
思索著，邁向百年的未來歷程，能為知識界、文化學術界作些什麼？
在速食文化的生態下，有什麼值得讓人雋永品味的？

歷代經典・當今名著，經過時間的洗禮，千錘百鍊，流傳至今，光芒耀人；
不僅使我們能領悟前人的智慧，同時也增深加廣我們思考的深度與視野。
我們決心投入巨資，有計畫的系統梳選，成立「經典名著文庫」，
希望收入古今中外思想性的、充滿睿智與獨見的經典、名著。
這是一項理想性的、永續性的巨大出版工程。
不在意讀者的眾寡，只考慮它的學術價值，力求完整展現先哲思想的軌跡；
為知識界開啟一片智慧之窗，營造一座百花綻放的世界文明公園，
任君遨遊、取菁吸蜜、嘉惠學子！